U0812987

山东省地理标志商标选编

（2023）

济南商标审查协作中心　编著

山东大学出版社
SHANDONG UNIVERSITY PRESS
·济南·

图书在版编目(CIP)数据

山东省地理标志商标选编.2023 / 济南商标审查协作中心主编.—济南:山东大学出版社,2023.8
ISBN 978-7-5607-7902-7

Ⅰ.①山… Ⅱ.①济… Ⅲ.①地理—标志—产品标识—汇编—山东—2023 Ⅳ.①F760.5

中国国家版本馆 CIP 数据核字(2023)第 161120 号

策划编辑 武迎新
文案编辑 滕正辉
封面设计 王秋忆

山东省地理标志商标选编
SHANDONGSHENG DILI BIAOZHI SHANGBIAO XUANBIAN

出版发行 山东大学出版社
社　　址 山东省济南市山大南路 20 号
邮政编码 250100
发行热线 (0531)88363008
经　　销 新华书店
印　　刷 山东星海彩印有限公司
规　　格 720 毫米×1000 毫米 1/16
　　　　 10.25 印张 111 千字
版　　次 2023 年 8 月第 1 版
印　　次 2023 年 8 月第 1 次印刷
定　　价 68.00 元

版权所有 侵权必究

《山东省地理标志商标选编》
编委会

主　　编　林振强

副 主 编　成　君　王兴玲　王韶华

顾　　问　宫卫清　韩秀花

执行委员　甄　诚　王月平　王睿哲

　　　　　胡卓君　薛玉燕　杨鲁天

编　　委　赵正杰　常祺祺　于红雷

　　　　　王永超　王　磊　宋维琪

　　　　　尚樾林　李炳忠　徐楠楠

　　　　　张娅婷　齐宝杰　朱晓梅

　　　　　孙祥祥　张伊帆　王中秀

　　　　　邢梦雪　陈浩彬　陈妍钊

序

地理标志作为知识产权的重要组成部分，在促进区域特色经济发展、保护和传承优秀传统文化、推进乡村振兴中发挥着重要作用。山东是地理标志资源大省，历来高度重视地理标志商标培育工作，并取得了良好的品牌价值效应。截至2022年底，全省累计注册地理标志商标877件，地理标志商标总量位居全国前列，培育出了潍县萝卜、平阴玫瑰、冠县灵芝等运用地理标志商标的典型。

为了深入挖掘山东省地理标志商标资源，突出讲好地理标志商标品牌发展故事，充分发挥地理标志商标在提升市场主体竞争力、服务地方经济发展、打造乡村振兴“齐鲁样板”中的重要作用，济南商标审查协作中心聚集20余位从事商标工作的专家、业务骨干，历时半年倾力编写了这本专业图书。本书集学理、科普于一体，既是知识产权领域的专业图书，也是商标知识的重要科普资料。

本书根据权利主体的自愿申报，编辑了山东省16地市部分地理标志商标129件，图文并茂地展示了地理标志商标注册信息、区域来源及相关产品的独有品质、地域特色和人文历史，对宣传推广山东省地理标志商标品牌，塑造山东省地理标志品牌形象，展示山东省独特的资源优势、文化底蕴和乡土魅力有着重要的参考价值。

下一步，我们将本着权利主体自愿申报的原则，在广泛征集的基础上，继续选编更多的地理标志商标向社会推荐。由于本书编撰时间较短，选编过程中难免有不妥之处，敬请读者指正。

济南商标审查协作中心

2023年7月

目　录

济南

青岛

淄博

枣庄

东营

烟台

潍坊

济宁

泰安

威海

日照

临沂

德州

聊城

滨州

菏泽

附录

商标名称：垛石番茄　来源区域：济南
注册号：8526933　商标类型：证明商标
申请日期：2010-07-30　注册日期：2011-02-21
申请人：济阳县垛石镇蔬菜协会
核定商品/服务：番茄

垛石番茄果型小，圆球形，似樱桃，单果直径1～4厘米，重10～20克，果实表面光亮，色泽艳丽，形态优美，有红、黄、绿三种颜色，皮薄多汁，口感清甜爽口、酸甜适宜，风味鲜脆独特，富含维生素B_1、维生素B_2、烟酸、维生素C等多种营养物质，其中维生素C含量是其他地区番茄的3倍。

垛石番茄主要产于济南市济阳区（2018年6月撤县设区）垛石镇。该地区地处鲁北平原南端，地势平坦，土地肥沃，资源丰富，属暖温带半湿润季风气候，四季分明，年均降水量为583.3毫米，独特的气候特征、水文条件、土壤条件非常适宜番茄种植。

商标名称：高官寨甜瓜　　**来源区域：**济南

注册号：12203190　　**商标类型：**证明商标

申请日期：2013-02-28　　**注册日期：**2013-12-14

申请人：济南市章丘县高官寨果蔬协会

核定商品/服务：甜瓜

高官寨甜瓜果实圆润均整，外表光滑，色泽乳白，果香浓郁，果肉肥厚，香甜多汁，营养丰富，富含多种人体所需的蛋白质、维生素、矿物质和微量元素。每百克甜瓜肉中，含蛋白质 0.4 克、碳水化合物 5.8 克、膳食纤维 0.4 克、磷 17 毫克、钙 14 毫克、维生素 C 15 毫克、胡萝卜素 0.4 微克、硒 0.4 微克。

章丘区高官寨街道地处黄河下游冲积平原，系黄河故道，土质属沙质土，结构疏松，通透性良好，酸碱度为中性，有机质含量高，地力肥沃，富含多种微量元素。得天独厚的自然条件造就了高官寨甜瓜质佳味美、果香四溢、甘甜多汁的特点。

商标名称:莱芜白花丹参　　来源区域:济南

注册号:39172609　　商标类型:证明商标

申请日期:2019-06-28　　注册日期:2020-12-07

申请人:济南市莱芜岳圣天然药物研发中心

核定商品/服务:丹参(中药材)

莱芜白花丹参为中药材,幼苗茎叶为绿色,茎呈四棱形、具槽,上部分枝叶对生,有奇数羽状复叶;根茎粗短,呈深褐色或深色,根部匀称,侧根多,达40条;皮厚木芯小,外皮不易剥落,质坚实,不易折断,断面较平整,皮部红棕色,比紫参颜色浅。莱芜白花丹参有效成分含量是紫花丹参的2~3倍。

莱芜区属于暖温带半湿润大陆性季风气候,四季分明,阳光充足,热量较多,地形多丘陵坡地,土质以砂质壤土为主,耕作疏松,排水良好。莱芜区独特的气候、土壤等地理条件,非常适宜白花丹参的种植生长,造就了莱芜白花丹参的良好品质。

商标名称：莱芜黑山羊　　**来源区域：**济南

注册号：21349259　　**商标类型：**证明商标

申请日期：2016-09-20　　**注册日期：**2017-11-21

申请人：莱芜市畜牧兽医协会

核定商品/服务：羊（活动物）

莱芜黑山羊，被毛黑色，四肢健壮结实，体型匀称，头小而清秀，上宽下窄呈三角形。其肉质鲜美，营养丰富，每百克含蛋白质大于22克，每百克含脂肪小于4克。2014年，莱芜黑山羊通过国家品种审定，2015年被确定为“种质资源保护品种”。

莱芜区（2019年撤市建区）属于暖温带半湿润季风气候，四季分明，春季温暖多风，夏季炎热多雨，秋季凉爽晴朗，冬季寒冷干燥。当地人采用天然野外放养与圈养相结合的养殖方式，并以这一地区生产的玉米、红薯干、糠豆粕为饲料喂食山羊。独特的人文、地理条件造就了莱芜黑山羊繁殖力高、耐粗饲、抗病能力强、肉质鲜美等特性。

商标名称：莱芜黑猪　　来源区域：济南

注册号：6720728　　商标类型：证明商标

申请日期：2008-05-14　　注册日期：2009-06-21

申请人：莱芜市畜牧兽医协会

核定商品/服务：活猪

莱芜黑猪，又名“莱芜猪”，皮毛全黑，毛密鬃长，耳大下垂，嘴长直，额部有6～8条倒“八”字皱纹，8～9月龄体重90千克，平均日增重420克，胴体瘦肉率达45%，料重比为4.2∶1，具有性成熟早、繁殖力强、肉质好、适应性好、遗传稳定的特点。

莱芜黑猪饲养历史悠久，最早可追溯到原始社会的新石器时代。目前，莱芜黑猪饲养方式分为两种：一种是以较低营养条件下精粗饲料科学搭配进行圈养；另一种是进行放牧饲养，场地包括林下、河滩、山场、草场等，此种饲养方式下的黑猪主要采食青绿牧草、植物的块茎根茎、茬地、蛰虫等。

商标名称: 莱芜花椒　　**来源区域:** 济南
注册号: 22097174　　**商标类型:** 证明商标
申请日期: 2016-12-01　　**注册日期:** 2018-05-28
申请人: 济南市莱芜花椒协会
核定商品/服务: 花椒（调味品）

莱芜花椒种植历史悠久，据考证，早在北魏时期就有栽植花椒的记载，明代嘉庆年间已经开始大量栽植，之后常种不衰。

莱芜花椒，椒皮厚实，色泽鲜艳，香味浓郁。依托莱芜独特的自然环境优势，莱芜花椒具有高产优质，适应性强，树势健旺，果穗紧密、粒大，出干皮率高等特点。

莱芜花椒具有极高的经济价值，花椒皮中各类挥发性芳香物质含量高达 9%，不仅是提炼制作高级食用香精的好原料，而且是上等的食用调味品。花椒种子含油量高达 30%，花椒皮和种子均可入药。

商标名称：莱芜老干烘　　**来源区域：**济南

注册号：59308063　　**商标类型：**证明商标

申请日期：2021-09-17　　**注册日期：**2022-10-28

申请人：济南市莱芜区茶叶种植协会

核定商品/服务：黄茶

黄茶历史悠久，源远流长，自明代由皖入鲁后，盛产于莱芜，被冠以“莱芜老干烘”之名。

莱芜老干烘的特点是叶大、梗长，为半发酵茶，一般选用当地优质的大叶种茶叶为原料，经过采摘、杀青、揉捻、闷黄、干燥、精制或蒸压成型等多道工序而成，颜色乌润油亮，香气浓郁，滋味醇和，回甘持久。新鲜采摘的茶叶被一叶两用，芽头和茶梗的嫩叶精炒，被除去的部分带着芽头和茶梗一起被炒成“老干烘”。刚炒出来的老干烘，时短而新，因新而鲜，初闻香，再闻则有点糊，香味在焦与糊之间游弋，茶水清澈明亮，汤色金黄。另外，莱芜老干烘茶富含茶多酚、咖啡因、游离氨基酸以及维生素、矿物质等，具有独特的口感和丰富的营养。

商标名称：李桂芬梨　　**来源区域**：济南

注册号：9113028　　**商标类型**：证明商标

申请日期：2011-02-09　　**注册日期**：2011-07-28

申请人：商河县殷巷镇李桂芬梨种植协会

核定商品/服务：梨

李桂芬梨果型圆润饱满，呈倒卵形，果皮为黄绿色，皮薄核小，果实中大，平均单果重350克，果肉呈半透明状，细腻无渣，含糖量高，皮薄汁多，香味浓郁，脆而不腻，后味绵长，营养丰富，可溶性固形物超过11%，可滴定酸为0.05%～0.8%，每百克含维生素C超过0.45毫克，含葡萄糖超过6克，含钙超过40毫克，素有“天生甘露”之称，是鸭梨的优秀代表。

李桂芬梨主要产于商河县殷巷镇李桂芬村。该地气候温和，年均气温12.6℃，雨量适中，年均降水量601.1毫米，四季分明，季风性气候特征明显。李桂芬村土壤为固定风沙土，是该地特有土类。独特的气候、水土条件造就了李桂芬梨的特有品质。

商标名称:龙山黑陶　　**来源区域:**济南

注册号:8174115　　**商标类型:**证明商标

申请日期:2010-04-02　　**注册日期:**2010-10-28

申请人:济南市章丘县龙山黑陶产业协会

核定商品/服务:黑陶器

龙山黑陶,首次被发现于济南市章丘区(2016年撤市设区)龙山街道的城子崖遗址。其“黑如漆,亮如镜,薄如纸,硬如瓷,掂之飘忽若无,敲击铮铮有声”。黑陶按质地主要分为细泥、泥质和夹砂三种,其中以细泥薄壁黑陶的制作水平最高。胎壁厚仅0.5～1毫米,表面乌黑发亮,故有“蛋壳黑陶”之称。纹饰一般比较简单,仅以磨光透亮的光泽作为器皿的主要装饰,其与黑色有机结合,使黑陶显出秀美韵致的风格。

龙山黑陶一般采用快轮制作,其器型匀称、规整,做工精细,火候极高,质地坚硬。由于其大多为礼器,很少用于日常,所以产量较少,弥足珍贵。龙山黑陶作为中国先民原始礼仪的载体和精致的艺术品,具有黑色珍珠般神秘而诱人的魅力。

商标名称:路家珍珠红西瓜　　**来源区域**:济南

注册号:9975908　　**商标类型**:证明商标

申请日期:2011-09-19　　**注册日期**:2012-03-28

申请人:商河县郑路镇珍珠红西瓜种植协会

核定商品/服务:西瓜

路家珍珠红西瓜外形小巧，果形圆正，单果重1～1.5千克，皮薄而坚韧，瓤色鲜红柔和，口感甜润，肉质多汁脆沙。其营养丰富，可溶性总糖达8.9%，可溶性固体物达10%，每千克西瓜锌含量约0.82毫克、锰含量约0.40毫克、硒含量约36.6微克，分别比普通西瓜高约0.1毫克、0.15毫克、19.6微克，糖含量比一般西瓜高31%。

路家珍珠红西瓜主要分布于商河县郑路镇路家村。该地气候温和，季风显著，四季分明，干湿明显，雨热同季，年均气温12.8℃。该地土壤类型以潮土为主，矿物质含量丰富。特殊的气候环境和土壤条件造就了路家珍珠红西瓜皮薄、多汁、糖多、口感极佳的独特优势。

商标名称：马山栝楼　　**来源区域：**济南

注册号：8265885　　**商标类型：**证明商标

申请日期：2010-05-04　　**注册日期：**2010-11-21

申请人：济南市长清区马山镇栝楼协会

核定商品/服务：栝楼（中药材）

马山栝楼块根呈圆柱形、葫芦形或不规则形，外皮淡黄色，块根底部生有多数细根。雄株块根肥厚，雌株块根消瘦，茎攀缘，多分枝，表面有浅纵沟，光滑无毛，腋生细长发达的卷须。栝楼果实呈卵圆形或近圆形，收获时为深绿色，晾干后为黄色，鲜果重300～400克，少数500克左右。种子长圆形，瓤棕黄色，干果味甘，微苦、涩。

马山栝楼具有很高的药用价值。果实中药名为"栝楼实"，含三萜皂苷、有机酸、脂肪油、树脂、糖类、色素；种子中药名为"楼仁"，含脂肪油；根中药名为"天花粉"，含蛋白质、皂苷、酸类等。

商标名称：平阴玫瑰　　**来源区域：**济南

注册号：7675712　　**商标类型：**证明商标

申请日期：2009-09-07　　**注册日期：**2010-03-28

申请人：平阴县玫瑰产业协会

核定商品/服务：玫瑰

平阴玫瑰花朵呈紫红色，重瓣，单生或数朵聚生，单生花重2～3克，单花径6～8厘米，香气浓郁。花蕾呈饱满纺锤形，紫红色，直径5～10毫米，鲜蕾重1～1.8克，干蕾重0.3～0.6克，有浓郁的玫瑰香气。

平阴玫瑰初嗅香气清雅，再嗅香气浓郁，细品清香、甜香、醇香。其抗逆性强，产量高，药食两用，可用作中药、花茶以及观赏，也可加工作玫瑰酱、玫瑰酒、玫瑰精油、玫瑰食品、玫瑰化妆品等。

平阴县光照充足，四季分明，对玫瑰的生长极为有利。此外，该地区夏季高温，降雨集中，年均降水量658.4毫米，夏末秋初降雨集中，冬季少雨雪，多雨期恰是玫瑰的速长期，可为玫瑰的生长提供充足的水源。因此，该地区具有玫瑰生长最适宜的条件，造就了平阴玫瑰的独特品质。

商标名称:仁风西瓜 **来源区域:**济南

注册号:7657102 **商标类型:**证明商标

申请日期:2009-08-31 **注册日期:**2010-03-28

申请人:济南市济阳区仁风镇西瓜协会

核定商品/服务:西瓜

仁风西瓜瓤色杏黄,细胞排列整齐,肉质脆而多汁,无纤维,无空洞,不倒瓤,入口即化,具有甜度高、耐运输的独特品质。仁风西瓜营养物质丰富,果实含糖量大于12%,故有“冰淇淋西瓜”的美称。

仁风西瓜主要分布在济阳区仁风镇境内,该地位于华北黄河冲积平原,地表土壤主要为褐土,pH值7～7.5,呈微碱性,土质疏松,耕性及通透性良好,土壤中有机氮、磷、钾的含量水平高,有益微生物菌群活跃,适宜农作物生长。独特的地域环境造就了仁风西瓜糖分高、色泽好、耐储存的独特品质。

商标名称:商河魁王金丝小枣　**来源区域:**济南
注册号:9113029　**商标类型:**证明商标
申请日期:2011-02-09　**注册日期:**2011-12-21
申请人:商河县殷巷镇魁王金丝小枣种植协会
核定商品/服务:鲜枣

商河魁王金丝小枣果实为椭圆形，鲜枣皮红色艳，果核细小，平均核重0.3～0.4克，鲜枣肉质细脆而致密，生食甘甜可口。鲜枣可溶性总糖约28.19%，可溶性固形物约34.8%，可食率达95.2%。每百克鲜枣维生素C含量约343毫克，锌含量约0.24毫克，铁含量约0.36毫克。鲜枣平均纵横径为3.7×2.7厘米，单果平均重12.5～15.0克，大者可达18克。

商河魁王金丝小枣主要分布在商河县殷巷镇。该地土壤类型以潮土为主，土质较好，土层深厚，土壤中水、肥、气、热状况协调，生产性能良好，非常适合商河魁王金丝小枣种植生长。同时，该地域地处中纬度，气候温和，季风气候显著，四季分明，雨量适中，年均降水量为601.5毫米。良好的气候、水土等地理条件造就了商河魁王金丝小枣大个、色艳、皮薄、肉厚等特点。

商标名称:商河老粗布　　**来源区域:**济南

注册号:11113153　　**商标类型:**证明商标

申请日期:2012-06-25　　**注册日期:**2013-05-07

申请人:商河县老粗布协会

核定商品/服务:布

商河老粗布制作工艺独特,使用梭、木质纺车、木质织布机等传统工具,经过选棉花、轧棉花、挫布绩、纺线、染线、络线、牵机、织布等14道工序而成。

商河老粗布色彩丰富,多以黄、绿、蓝为纬线,素色为经线,纹理粗犷,色泽明快,给人以强烈的视觉冲击。图案设计精美,花样繁多,特色鲜明,多为翻花、雪花、雏鸡花、野鸡翎等。所有工艺均手工操作完成,布品密度小,质地柔软,舒适感强,古朴典雅,美观耐用。

商河老粗布的独特品质,得益于当地所产的优质棉花。该地属暖温带半温润季风气候,年均气温 12.6 ℃,年均日照时数达 2613 小时,充足的光照保证了商河棉花的高产量和高品质。

商标名称:太平西瓜　　**来源区域:**济南

注册号:21510349　　**商标类型:**证明商标

申请日期:2016-10-10　　**注册日期:**2018-02-14

申请人:济阳县太平镇果蔬协会

核定商品/服务:西瓜

太平西瓜，瓜形椭圆，皮薄质厚，爽甜可口，久贮耐运，营养物质含量丰富，每百克含糖大于75克，每百克含蛋白质约1.3克。

太平西瓜主要产区为济阳区太平镇。该镇位于济阳西部，与齐河、临邑两县交界，属暖温带半湿润大陆性季风气候，四季分明，雨热同季，光照充足，年均气温12.8℃，无霜期195天，年均降水量583.3毫米，降水多集中在7～9月。该地土壤以红壤土为主，深厚肥沃，地下水资源充沛，水质淳良，特别适宜西瓜生长，因此造就了太平西瓜优秀的品质。

商标名称：文祖花椒　　来源区域：济南

注册号：11126494　　商标类型：证明商标

申请日期：2012-06-27　　注册日期：2013-01-21

申请人：章丘市锦屏山小杂粮协会

核定商品/服务：花椒（调味品）

文祖花椒主要特点为粒大、色艳（外鲜红、内淡黄）、味浓、肉厚，香气浓郁持久，麻味纯正。主要品种有大红袍、小红袍、香椒子、青皮椒、大花椒等。主栽品种大红袍，特点最为突出，优势最为明显。

文祖花椒主要产区为济南市章丘区文祖镇。该地区地处泰莱山脉，地貌多样，自南而北依次为丘陵、平原、黄河滩区，日照充足，气候适宜，土壤为山前冲积土，土层较薄，土质为沙壤土，呈弱碱性，非常适合花椒生长。特殊的生长环境造就了文祖花椒粒大肉丰、色泽鲜艳、香气浓郁、麻味适中的特点。

商标名称:章丘鲍芹　　**来源区域:**济南

注册号:8762358　　**商标类型:**证明商标

申请日期:2010-10-21　　**注册日期:**2011-03-21

申请人:济南市章丘县辛寨鲍家芹菜产业协会

核定商品/服务:芹菜(新鲜蔬菜)

章丘鲍芹根系发达,植株高大,色泽翠绿,茎柄充实肥嫩,入口香脆微甘,嚼后无丝无渣,芹芯可生食,芹香浓郁,爽口生津,回味无穷,适用于多种烹饪,具有"鲍芹没有鲍鱼价贵,鲍鱼没有鲍芹味美"的美誉,是芹菜中的佼佼者。

章丘鲍芹的种植范围为章丘区辛寨镇鲍家村、南太平村、漯河村、仪张村等。该地域土地肥沃,资源丰富,四季分明,光照充足,雨热同季,年均气温 12.8 ℃,年降水量 600 毫米,森林覆盖率 30%,工矿、企业等污染源少,水资源丰富,水质较好,这种自然环境十分有利于章丘鲍芹的种植。

商标名称：宝山蓝莓　　**来源区域**：青岛
注册号：25108517　　**商标类型**：证明商标
申请日期：2017-07-03　　**注册日期**：2018-12-14
申请人：青岛市黄岛区宝山镇农业农村中心
核定商品/服务：蓝莓

宝山蓝莓鲜果饱满丰盈，果粉厚，果肉紧致、细腻、多汁，味道清香浓郁、酸甜适宜，富含花青素。宝山蓝莓除鲜果外，还有深受消费者青睐的蓝莓黄金素、果酒、酵素等深加工产品。

宝山蓝莓主要产于黄岛区宝山镇，该地为丘陵山地，属海洋性气候，沙质土及特有的片麻岩层非常适合蓝莓生长。截至目前，宝山蓝莓种植面积达 2.5 万亩，种植主体 895 户，蓝莓品种 40 余个。

商标名称：宝山苹果　　**来源区域**：青岛

注册号：20824904　　**商标类型**：证明商标

申请日期：2016-08-01　　**注册日期**：2018-02-14

申请人：青岛市黄岛区宝山镇农业农村中心

核定商品/服务：苹果

宝山苹果种植至今已有60多年历史，主要以明月和富士两大品种为主。明月苹果以色艳、皮薄、汁多、肉脆闻名于世，有偏白、偏绿两种果色，含糖量高达17%～18%，富含多种有机酸、果胶及微量元素，有生津润肺、健脾开胃之功效。富士苹果遍体通红，果形圆润，平均大小如棒球一般，果肉紧密，口感甜美清脆。

宝山苹果生产地域以丘陵地为主，光照充足，昼夜温差大，土壤酸碱适度。独特的气候和优越的地理条件使这里盛产的苹果品质独特，色泽纯正，果面光洁，发育充分。

商标名称：泊里红席　　**来源区域**：青岛

注册号：20336201　　**商标类型**：证明商标

申请日期：2016-06-17　　**注册日期**：2017-07-07

申请人：青岛市黄岛区泊里镇经济发展与投资促进中心

核定商品/服务：垫席；苇席；席；枕席

泊里红席，俗称"秫秸席"，青岛市黄岛区地方手工制品。泊里红席是用红、白两种秫秸，破成篾子，再由纯手工编织而成。

泊里红席编织严密，纹理清晰，四角端正，编道整齐，具有光滑、柔软、美观、轻便、兜水不漏、结实耐用、冬暖夏凉、无毒无味等特点，是非常环保的手工艺产品。

泊里红席主要产自黄岛区泊里镇、琅琊镇等地。该地域位于低山丘陵区，属北温带季风气候，年均气温 12 ℃，无霜期 202 天，降水量 794 毫米。四季分明，春迟秋爽，夏无酷暑，冬少严寒，为泊里红席原材料高粱的生长提供了独特的自然环境。

商标名称：大泽山葡萄　　**来源区域**：青岛
注册号：5136763　　**商标类型**：证明商标
申请日期：2006-01-23　　**注册日期**：2008-03-28
申请人：平度市大泽山葡萄协会
核定商品/服务：鲜葡萄

大泽山葡萄种植面积已达3.5万多亩，拥有300多个品种，年产葡萄5万吨，实现产值7亿元。大泽山葡萄产业使大泽山成为我国葡萄新品种研发的“硅谷”，先后有近千个品种在大泽山扎根，5亿多株葡萄苗木走向全国32个省市自治区，带起葡萄基地100多万亩。

大泽山葡萄生长环境极为独特，产区地理坐标为东经119°52′～120°02′，北纬36°55′～37°01′，是全球葡萄生长的黄金纬度。特殊的自然条件使生产的葡萄粒大、色艳、皮薄、汁多、味醇，糖酸比适中，含多种维生素和抗坏血酸，在国内外有较高的知名度。

商标名称:即墨海参　　来源区域:青岛
注册号:29465792　　商标类型:证明商标
申请日期:2018-03-07　　注册日期:2020-04-07
申请人:青岛市即墨区渔业协会
核定商品/服务:海参(非活)

即墨海参个大、肉厚,肉质软糯且有弹性,无腥味,富含多种氨基酸、牛磺酸和海参多肽等活性成分,具有极高的营养价值。

即墨海参养殖历史悠久,主要分布在即墨区田横镇近岸沿海。该地区地处北纬36°的黄渤海区,水质优良,东临黄海,水温常年保持在5 ℃～21 ℃,盐度30‰,且常年没有风浪袭扰,海水清澈,海藻类植物丰富,为海参提供了营养全面的饵料。优越的自然地理环境极其适合海参的生长,此水域海参一年之中能比同纬度海域多出3个月左右的生长时间。

商标名称：崂山茶

来源区域：青岛

注册号：5626863

商标类型：证明商标

申请日期：2006-09-25

注册日期：2007-06-21

申请人：青岛崂山茶协会

核定商品/服务：茶

崂山是中国纬度最高的规模茶产区。温暖湿润的气候条件、较长的生长周期、富含矿物质的天然泉水，造就了崂山茶色、香、味、形俱佳的极优品质，具有叶片厚、香气高、滋味浓、耐冲泡等特点。

崂山茶富含大量的多酚类、咖啡因、芳香物质、氨基酸、维生素等有益人体健康的成分，特别是茶内氨基酸和咖啡因含量较高。茶汤浓醇鲜爽，饮后令人感到颊齿留香，得到各地好茶者的交口称赞。

茶与崂山的历史渊源悠久，崂山民间故事“天茶顶的传说”脍炙人口。崂山茶人工引种始于1959年，目前崂山茶种植面积近7000亩，年产优质绿茶260余吨。

商标名称：灵山岛海参　　来源区域：青岛

注册号：15086886　　商标类型：证明商标

申请日期：2014-08-04　　注册日期：2016-05-14

申请人：青岛市黄岛区渔业协会

核定商品/服务：海参(活的)

灵山岛海参平均体长约25.3厘米，体形肥满，肉质厚实、弹性强，肉刺挺直，蛋白质、硒等营养成分较其他海域所产海参明显更高。

灵山岛海参种参为自然海区生长的个体，青岛地区的采捕种参时间一般在6月上中旬，经繁殖、孵化等环节后，苗种被投放至藻类饵料中培育暂养。苗种培育至全长1厘米以上时，人们依据保护区内刺参自然种群数量和生态容纳量，在灵山岛海域进行增殖放流，使其纯自然生长，完全食用海底自然饵料，其间不投放任何饵料。

灵山岛海参主要分布在青岛市胶南区灵山岛周围海域。海岛周围有粗糙卵石带和岩礁，卵石间淤泥积存，是海参生长和摄食的理想场所。由于濒临外海，海域地形复杂，潮汐资源丰富，浮游生物和藻类等较多，能够保证海参等底栖生物生长与增殖的营养需求。

商标名称：琅琊玉筋鱼　**来源区域：**青岛
注册号：15086885　**商标类型：**证明商标
申请日期：2014-08-04　**注册日期：**2016-05-14
申请人：青岛市黄岛区渔业协会
核定商品/服务：玉筋鱼（非活）

琅琊玉筋鱼主要分布在青岛市黄岛区所辖琅琊镇以南海域，该海区水质清新无污染，自然环境良好，海洋生物种类繁多，微生物和浮游生物密度高，基础饵料丰富，底质为细沙或沙泥，玉筋鱼在夏秋两季潜沙，冬季进入沿岸浅水产卵。因此，该地域非常适合玉筋鱼的生长和繁殖。

琅琊玉筋鱼体呈长柱状，稍侧扁，成鱼体长达 10 厘米以上，体半透明，体侧淡绿色，背缘灰黑色，腹侧白色，口大，有犬齿，鳞很小，圆形，背鳍很长，臀鳍与背鳍相似。

琅琊玉筋鱼味道鲜美，营养丰富，蛋白质含量不低于 15.8%，脂肪含量不超过 5.4%，每百克钙含量不低于 362 毫克，铁含量不低于 1.49 毫克，为鱼类中的上品。

商标名称:泊里西施舌　　**来源区域:**青岛

注册号:10033640　　**商标类型:**证明商标

申请日期:2011-10-28　　**注册日期:**2013-03-21

申请人:青岛市黄岛区渔业协会

核定商品/服务:贝壳类动物

泊里西施舌属双壳贝类,贝壳略呈三角形,壳大质薄。壳面呈淡黄色,具有同心状纹理,并有一层丝绢状黄色壳皮;壳顶部光滑,呈淡淡的青紫色,壳长约为壳宽的2倍。肉体丰满,肉质脆嫩,味道清淡别致,极其鲜美。泊里西施舌营养十分丰富,富含人体所需的多种氨基酸、维生素A、维生素B_1、维生素B_2、烟酸以及铁、钙、磷、硒等。

泊里西施舌主要分布在黄岛区所辖的泊里镇、琅琊台省级旅游度假区、琅琊镇、张家楼镇、滨海街道、灵山卫街道、胶南经济开发区等7个镇(区、街道)。这些地区海域肥腴,滩涂广阔,且为沙泥底质,营养盐含量丰富,水温、盐度适宜,溶解氧含量高,为泊里西施舌提供了良好的生存环境。

商标名称：博山蓝莓　　**来源区域：**淄博

注册号：10573757　　**商标类型：**证明商标

申请日期：2012-03-06　　**注册日期：**2012-11-28

申请人：博山区水果协会

核定商品/服务：蓝莓（新鲜水果）

博山蓝莓果实呈蓝色，外有一层白色果粉包裹，果肉细腻，种子极小。果实平均重0.5～2.5克，最大重5克，可食率100%，质地柔软，甜酸适口，且具有宜人的香气。每百克果肉含维生素A 100毫克，比普通品种蓝莓高15%；果实中含糖量13%～18%，比普通品种蓝莓高3%；含酸量2.2%，酸度适中。其可溶性固形物含量为20.33%，含色氨酸、苏氨酸等十多种氨基酸，并含有丰富的矿物质。

博山蓝莓种植历史悠久，主要品种是半高丛蓝莓，主要产地为博山南部山区。该地域海拔高度300米以上，属温带半湿润大陆性季风气候，地表水及地下水丰富，空气干净湿润，土壤为褐土，呈弱酸性，土层深厚，通透性好，钾元素含量高，非常适合蓝莓生长。

商标名称：博山琉璃　　来源区域：淄博
注册号：7395041　　商标类型：证明商标
申请日期：2009-05-14　　注册日期：2009-12-14
申请人：博山琉璃商会
核定商品/服务：琉璃装饰品；琉璃艺术品；琉璃工艺品；琉璃塑像；琉璃雕像

博山琉璃发展历史悠久，是中国琉璃文化发祥地，也是明清官炉之一，不仅拥有中国现存最早的古琉璃窑炉遗址、中国最早的也是唯一的炉神庙，还有中国第一家琉璃博物馆。中国第一片琉璃在这里诞生，中国最早的琉璃专著《颜山杂记》也是在这里问世。

博山琉璃是以博山当地独特的马牙石、紫石、凌子石、硝等为原料，运用博山独特的鸡油黄、鸡肝石料、亮红料、洋青料、珐琅等名贵色料，采用传统工艺生产的琉璃制品，以抗压强度高、硬度大、热膨胀系数小、品质细腻、外观独特而广受赞誉。博山琉璃工艺主要包括内画、琉璃灯工、琉璃雕刻、琉璃热成型、名贵色料等几个大类，拥有近千个品种，上万种花色。

商标名称：博山猕猴桃　　**来源区域：**淄博

注册号：9424081　　**商标类型：**证明商标

申请日期：2011-05-05　　**注册日期：**2011-10-28

申请人：博山区有机猕猴桃产业协会

核定商品/服务：猕猴桃

博山猕猴桃平均单果重约100克，果实呈椭圆形，果皮呈均匀的黄褐色，富有光泽，表面毛短而不易脱落，果脐小而圆且向内收缩，果肉翠绿色，细腻多汁，酸甜适中，味道极佳。每百克果肉含维生素C约400毫克，比普通猕猴桃高15%；果实中含糖15%～17%，比普通猕猴桃高3%；含酸量1.2%，酸度适中。

博山猕猴桃的核心产区为博山区源泉镇。该地位于北纬36°，森林覆盖率达56.5%，土质为弱酸性沙壤土，光照时数达2588小时，四季分明，昼夜温差大，有利于猕猴桃糖分的转化和积累。

博山猕猴桃历史悠久，《淄博市志》等文献资料都有对博山产猕猴桃的记载。自1986年首次引进试种以来，经过多年培育、改良，博山猕猴桃凭借优秀的品质，得到了各地消费者的交口称赞。

商标名称:博山陶瓷　　**来源区域:**淄博

注册号:15384222　　**商标类型:**证明商标

申请日期:2014-09-22　　**注册日期:**2016-01-07

申请人:博山陶瓷商会

核定商品/服务:日用瓷器(包括盆、碗、盘、壶、餐具、缸、坛、罐等);瓷器;瓷艺术品

博山素有“陶琉之乡”的美誉，是全国五大陶瓷基地之一。该地制陶历史悠久，可追溯到新石器晚期，尤其以魏晋南北朝时期的青瓷、宋代的雨点釉和茶叶末釉著称于世。

博山焦宝石、滑石、石英储量丰富。焦宝石钛含量高、铁含量低，滑石多呈粗鳞片和细鳞片状，石英的结晶发育良好并呈半透明状。特定的地域环境造就了博山陶瓷高抗折抗压、高热稳定性、高白度等特定品质，其每平方厘米抗折抗压强度达到1500千克以上，在220 ℃高温下投入20 ℃水中急冷不炸裂，超过国家标准40 ℃，白度达到85度以上。过硬的质量与优秀的做工，让博山陶瓷享誉中外。

商标名称：高青黑牛　　**来源区域：**淄博

注册号：11027327　　**商标类型：**证明商标

申请日期：2012-06-06　　**注册日期：**2013-03-21

申请人：高青黑牛协会

核定商品/服务：黑牛肉

高青黑牛具有个大、肉优、价廉等优点，体重可达 1000 千克以上。高青黑牛肉质好，呈典型的大理石花纹，又被称为“雪花肉”。它肉质鲜美，细嫩多汁，风味独特，铁、肌间脂肪中不饱和脂肪酸含量高，营养丰富，肉用价值极高。

高青县北依黄河，土质肥沃，四季分明，光照充足，夏季雨量充沛，农业发达，可利用的农作物秸秆、饲料资源，尤其是稻草、野大豆、野绿豆等天然牧草资源丰富。

独特的地理条件非常适宜高青黑牛繁育和生长，造就了高青黑牛肉给人的独特味蕾体验。

商标名称:高青西红柿　　**来源区域**:淄博

注册号:8921644　　**商标类型**:证明商标

申请日期:2010-12-07　　**注册日期**:2011-06-28

申请人:高青县中农绿色食品协会

核定商品/服务:西红柿

高青西红柿果形整齐,呈扁圆形,色泽良好,着色均匀,果面光滑均匀无疤痕,皮薄,口感好,糖分高,味道沙甜,汁多爽口,既能被用作烹饪原料,又可被加工制成番茄酱、番茄汁或整果罐藏。樱桃西红柿一般粒小,甜度高,具有特殊清香;菜用青柿色泽上青下白,种浆呈淡橙色,口感酸微甜,果实营养丰富,具特殊风味。

高青县地处鲁北黄泛冲积平原,是国家黄淮海平原农业综合开发及黄河三角洲农业综合开发区,农业基础设施完善,温、光、水、气等自然条件优越,是鲁北传统的优质瓜菜生产基地。该地生产的西红柿胡萝卜素、维生素、锶、硒等含量丰富,口感独特,果肉鲜美。

商标名称：临淄西红柿　　**来源区域：**淄博

注册号：8426317　　**商标类型：**证明商标

申请日期：2010-06-28　　**注册日期：**2011-02-21

申请人：临淄区皇城镇绿色蔬菜产销协会

核定商品/服务：西红柿

临淄西红柿是淄博市临淄区特产。该地区土壤肥沃、易于灌溉，富含微量元素，气候适宜，四季分明，出产的西红柿品质优、产量高，不但色泽鲜亮、汁多爽口，而且富含胡萝卜素、维生素，具有较高的营养价值。

临淄西红柿于1936年始有种植，多作庭院观赏花卉。新中国成立后扩种田间，1956年成为当地主要蔬菜品种之一，1960年得到普及。1980年，在皇城、敬仲、齐陵、梧台等地大面积推广地栽培技术，以地膜覆盖、塑料大棚、温室等方式种植。每年在7月中旬种植第一茬，60天后开始采摘，12月下旬种植第二茬，逐步形成了“春提前、秋延迟、冬生产”的蔬菜生产模式。

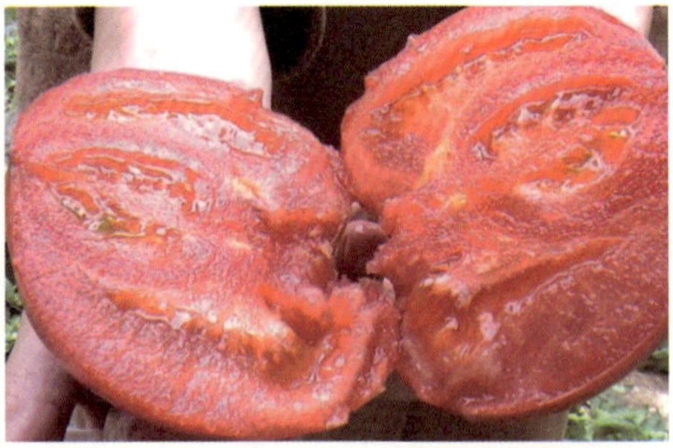

商标名称:临淄西葫芦	**来源区域:**淄博
注册号:8426316	**商标类型:**证明商标
申请日期:2010-06-28	**注册日期:**2011-02-21
申请人:临淄区皇城镇绿色蔬菜产销协会	
核定商品/服务:西葫芦	

临淄西葫芦色泽翠绿,瓜条直,皮薄、肉厚、汁多、口感好,维生素含量高,是临淄地区的优质特产。

临淄西葫芦生产地分布于皇城、齐都、齐陵和敬仲四个乡镇。该地区位于淄河流域,属潮褐土,土层深厚,通透性好,天然肥力高,富含多种微量元素,是种植西葫芦的最佳土壤。且该地气候适宜,四季分明,日光温和,优越的地域环境造就了临淄西葫芦品质优、产量高的特点。

商标名称:沂源苹果　　**来源区域**:淄博
注册号:7103701　　**商标类型**:证明商标
申请日期:2008-12-09　　**注册日期**:2010-01-14
申请人:沂源县农业品牌管理办公室
核定商品/服务:苹果

沂源苹果外观呈马蹄形，型正皮薄，果实黄中透有红晕，肉质甜脆多汁，风味醇厚，糖度高，硬度大，酸甜适口，每百克果肉维生素C含量约为3.12毫克，有“江北第一果”的美誉。

沂源县位于北纬36°附近，为世界苹果生产最佳纬度带，境内平均海拔、光能资源居全省之首，光照百分率为全国之冠，昼夜温差大，土壤富含矿物质营养元素，自然条件可与世界驰名果品产区相媲美，发展苹果产业有着得天独厚的区位优势。

商标名称：张庄香椿　　**来源区域：**淄博

注册号：7309590　　**商标类型：**证明商标

申请日期：2009-04-08　　**注册日期：**2009-12-08

申请人：淄博市淄川区有机蔬菜服务协会

核定商品/服务：香椿(新鲜蔬菜)

张庄香椿，又称“红香椿”，因叶芽颜色呈棕红色而得名。其枝叶色红，芽苔粗壮，嫩叶肥大，肉润渣少，脆嫩多汁，香气浓郁，味甜无苦涩味，入菜鲜嫩青翠，口感清爽，软嫩适口，营养全面均衡，富含粗蛋白、氨基酸、维生素及多种微量元素，营养成分高居蔬菜之首。经过炒食、油炸及腌制等方式处理后，各种营养成分的保留率达95%以上，有“树上蔬菜”“黄金蔬菜”的美誉。

张庄香椿主要产于淄川区西河镇，该地光照充分，昼夜温差大，土壤肥沃，富含有机质、钾、氮、磷等多种矿物质，远离城镇和工业基地，农家肥充足，独特的生长环境造就了张庄香椿独有的品质。

商标名称：伏里土陶　　**来源区域**：枣庄

注册号：11226430　　**商标类型**：证明商标

申请日期：2012-07-19　　**注册日期**：2013-09-28

申请人：枣庄市伏里土陶研究协会

核定商品/服务：瓷、陶土、陶瓷或玻璃塑像；瓷、赤陶或玻璃艺术品；瓷、赤陶或者玻璃半身塑像；瓷、陶瓷、陶土或玻璃小雕像；瓷器装饰品；陶器；仿陶器；日用陶器；锡釉陶器；家庭用陶瓷制品

伏里土陶生产地域范围为枣庄市西集镇伏里村，其主要原料是伏里村南特有的，龟山、蛇山至卧龙岗一带耕作层下 2 米左右的，有卧纹的“红胶立土”“黑胶立土”和伏里村小伏河流域的“白高岭土”。该土陶使用手工制作泥模，经过脱胎、修整、晾晒坯料、上釉、装窑、烧制等工序制作而成。

伏里土陶是伏羲文化的象征，距今已有 5600 余年历史，其吸取了各个朝代土陶艺术的优点，根据器形的不同，选用文纹、乳钉纹、漩涡纹等，表现手法传统、朴质，具有浓郁的生活气息，其将艺术品的精巧性和日用品的实用性相结合，使用范围非常广泛，几乎涵盖了日常生活的各个方面。

商标名称：山亭花椒　　**来源区域：**枣庄

注册号：30932965　　**商标类型：**证明商标

申请日期：2018-05-16　　**注册日期：**2019-12-28

申请人：枣庄市山亭区山城花椒种植产业发展协会

核定商品/服务：花椒（调味品）

山亭花椒穗大粒多，单穗平均在60粒左右，颗粒均匀，皮厚肉丰，色泽鲜艳不变色，呈红褐色或深红色，表面密生粗大突出的腺点，大小似绿豆，表面有龟裂纹，顶端开裂，内含黑色籽粒一颗。其椒皮具有特殊浓烈的芳香，香味浓郁持久，麻味适中。主要品种有“大红袍”“大青壳”等，全区花椒良种覆盖率达到95%。

山亭区属于温带大陆性季风气候，四季分明，夏季雨量充沛，秋季气候干燥，年均气温13.5℃，无霜期200天，年均降水量875毫米。该区域山泉较多，水质良好，矿物质微量元素多，增加了山亭花椒体内的营养。独特的气候、水土条件造就了山亭花椒优良的品质。

商标名称:滕州绿萝卜　　**来源区域:**枣庄

注册号:28314922　　**商标类型:**证明商标

申请日期:2017-12-26　　**注册日期:**2019-06-07

申请人:滕州市龙阳绿萝卜产业发展联合会

核定商品/服务:新鲜萝卜

滕州绿萝卜，因原产地在龙山之阳，遂又称“龙阳绿萝卜”。其外形匀称，根长圆柱形，长约30厘米，土下部分外皮呈白色，土上部分外皮呈淡绿色，皮质薄脆，肉质翠绿，晶莹剔透，生食甜脆多汁，微有辣味，可食率达98%，富含多种维生素、碳水化合物和矿物质，既可用于制作菜肴，又可当作水果生吃，还可腌制泡菜、酱菜，味道鲜美。

滕州市属暖温带大陆性季风气候，全年四季分明，年均气温13.6℃，年均降水量773.1毫米。境内土壤肥沃，地势平坦，排灌方便，耕作层深厚，土质为疏松的沙壤土或壤土，透气条件好。独特的气候和土壤条件赋予了滕州绿萝卜皮薄、脆甜的独特品质。

商标名称：滕州马铃薯　　**来源区域：**枣庄

注册号：46901399　　**商标类型：**证明商标

申请日期：2020-06-03　　**注册日期：**2022-01-21

申请人：滕州市界河镇农业综合服务中心

核定商品/服务：马铃薯（新鲜的）

滕州马铃薯个头较大，单薯重150～300克，呈长椭圆形，长度8～13厘米，直径7～9厘米，薯块芽眼浅而便于削皮，薯体饱满圆润，外观周正，大小匀称，光滑鲜亮，薯肉为黄色，肉质细腻，维生素C含量较高，适宜鲜食和菜用。

滕州市属暖温带大陆性季风气候，四季分明，光热、降水比较丰富，雨热同季，农业气候条件比较优越，年均气温13.6℃，年均降雨量773.1毫米，土壤以河潮土、褐土为主，土层深厚，土壤结构好，土质疏松，透气性好，养分含量高，能促进马铃薯对蛋白质和维生素C等营养物质的积累。优越的气候和水土条件造就了滕州马铃薯口感清脆、皮薄肉软的特点。

商标名称:峄城石榴　　**来源区域:**枣庄

注册号:5764306　　**商标类型:**证明商标

申请日期:2006-12-04　　**注册日期:**2008-01-21

申请人:峄城区榴园镇农业综合服务中心

核定商品/服务:石榴

峄城石榴个大皮薄,色泽鲜艳光洁,籽粒晶莹饱满。有“大青皮”“冰糖籽”“大红袍”等几十个品种,其中“大青皮”软籽石榴是主栽品种,单果重 630 克左右,最高可达 1580 克,果皮厚 0.25～0.4 厘米,有籽 430～890 粒,叶绿如碧,花红似火,极具观赏价值。

峄城石榴产于枣庄市峄城区,该地东、北两面多山,西、南两面多水,位于鲁中南丘陵边缘地带,属暖温带半湿润大陆性季风气候,年均气温为 13.9 ℃,土壤为石灰质、岩母质发育的砂土和棕壤,透水透气性好。独特的水土、气候条件决定了峄城石榴优秀的品质。

商标名称:峄县大枣　　**来源区域:**枣庄

注册号:7739636　　**商标类型:**证明商标

申请日期:2009-09-30　　**注册日期:**2011-03-21

申请人:峄城区阴平镇农业综合服务中心

核定商品/服务:鲜枣

峄县大枣呈圆长形,颜色紫红鲜艳,果实甘甜微酸,鲜枣含糖量25%～29%,干枣含糖量60%～70%。峄县大枣营养丰富,每百克鲜枣含热量103千卡,每百克干枣约含热量309千卡。鲜枣约含蛋白质1.2%～3.3%、脂肪0.2%～0.4%、粗纤维16%。同时,富含钙、磷、铁、胡萝卜素多种维生素。

峄县大枣主要种植区域为峄城区下辖的阴平镇,该区域属暖温带半湿润季风气候,四季分明,气候温和,光照充足,雨量集中,有利于大枣的生长。山区下部土层较厚,孔隙度好,水肥气热协调,有利于大枣的生长。该地独特的土壤、积温、降水、光照、温度等自然资源决定了峄县大枣"鲜果酥脆酸甜、干果油润甘绵"的独特品质。

商标名称：枣庄皱皮辣椒　　**来源区域：**枣庄

注册号：32833240　　**商标类型：**证明商标

申请日期：2018-08-13　　**注册日期：**2020-04-28

申请人：枣庄市市中区西王庄镇农副产品产销协会

核定商品/服务：新鲜辣椒

枣庄皱皮辣椒，又名“枣庄薄皮辣椒”，株高均达50～60厘米，开展度在50～55厘米，单株结果17～25个，比一般辣椒坐果多，单果质量20克左右，果实发育快，大小均匀，皮薄质嫩，辣味浓郁，果面稍皱，含水少，颜色油亮，口感脆嫩。

枣庄皱皮辣椒主要种植区域为枣庄市市中区西王庄镇的横沟、西大楼等村。该地受季风性气候影响明显，夏季酷暑，冬季寒冷，气候温差比较大，有利于枣庄皱皮辣椒有机质、营养物质的积累。枣庄皱皮辣椒生长喜光，西王庄镇光照充足，适宜的温度和光照条件，保证了辣椒的新陈代谢，使得枣庄皱皮辣椒生长繁茂，植株强壮，坐果多而集中，品质优异。

商标名称：郭村软仁石榴　　来源区域：枣庄
注册号：52972090　　商标类型：证明商标
申请日期：2021-01-14　　注册日期：2022-10-07
申请人：枣庄市市中区齐村镇卓山土特产协会
核定商品/服务：新鲜石榴

郭村软仁石榴果实呈圆球形，单果重 200～250 克，最大果重 513 克，果皮中等厚，黄绿色，阳面有红晕；籽粒中等至大型，淡红色，风味甜美多汁，种仁柔软可食，果实含糖量超过 14%，品质极佳。软仁石榴营养价值较高，含有维生素 C、有机酸、蛋白质、脂肪以及钙、磷、钾等多种人体所需的营养成分。

郭村软仁石榴主要产于枣庄市市中区齐村镇郭村钓鱼台山周围。该地属温带季风性气候，年均气温 13.9 ℃，四季分明，夏季炎热多雨，且该地区地下水资源丰富，充足的降水和丰富的地下水资源能够满足郭村软仁石榴对水分的要求。

商标名称：齐村樱桃　　**来源区域：**枣庄

注册号：32698390　　**商标类型：**证明商标

申请日期：2018-08-06　　**注册日期：**2020-05-07

申请人：枣庄市市中区齐村镇卓山土特产协会

核定商品/服务：新鲜樱桃

齐村樱桃果实呈圆形，大小均匀，单果重 2～2.5 克，果梗长 2～3 厘米，一簇约有 4～5 枚果实，果肉多、内核小，颜色为深紫红色，皮薄味酸甜，营养物质含量丰富，每百克樱桃铁含量为 55～62 毫克，维生素 A 含量为 26～33 微克，维生素 C 含量为 9～13 毫克。

齐村樱桃距今已有 300 余年的栽培历史，主要种植区域为枣庄市市中区齐村镇莲汪、凤凰、前良等村。由于该地处于卓山周围，而卓山地下含有丰富的铁矿石资源，所形成的沙质壤土更适合樱桃种植。同时，该地有蛤蟆泉水基地，水质甘洌，矿物质、微量元素含量丰富，为樱桃生长提供了优质的水源。独特的地域环境造就了齐村樱桃优异的品质。

商标名称：垦利大米　　来源区域：东营

注册号：17037036　　商标类型：证明商标

申请日期：2015-05-26　　注册日期：2016-02-14

申请人：东营市一邦盐碱地水稻高效体系产业研究所

核定商品/服务：大米

垦利大米颗粒均匀，晶莹剔透，蛋白质含量高达11.6%，富含氨基酸、铁、锌、碘、硒、钾、钙等人体必需的微量元素，营养丰富。蒸煮后，米饭软硬适中，颗粒完整，胶稠度高，具有软润、弹韧不粘、气味甘醇清香等特点。

垦利区位于黄河三角洲地区的黄河入海口，地处暖温带半湿润地区，属大陆性季风气候，四季分明，光照充足，气温适中，土壤为滨海潮土，有机质含量达1.4%，土壤全氮含量达0.08%。适宜的气候和特殊的土质孕育了垦利大米的优良品质。

商标名称：垦利海米　　**来源区域：**东营

注册号：25859241　　**商标类型：**证明商标

申请日期：2017-08-15　　**注册日期：**2018-12-28

申请人：东营景明渔业服务中心

核定商品/服务：海米

垦利海米采用当地新鲜的鹰爪虾，经过蒸煮、干燥、晾晒、脱壳等工序制成而成。其体表鲜艳透亮，呈浅红色，体形弯曲，形状像一把钩子，长度在 1.7～2.2 厘米，味鲜而微甜。每百克水分含量小于 4 克，蛋白质含量大于 48 克，热量为 190～195 卡。

垦利区地处温带季风气候区，年均气温 12.1 ℃，年均降水量 556.1 毫米，气候温和，日光充足，无霜期长，海水清澈、透明度高，含有丰富的钙、镁、硅、铝、硒等矿物元素。优质的自然地理环境为垦利海米特有品质提供了自然保障。

商标名称：垦利虾皮　　来源区域：东营

注册号：25859246　　商标类型：证明商标

申请日期：2017-08-15　　注册日期：2018-12-14

申请人：东营景明渔业服务中心

核定商品/服务：虾（非活）

垦利虾皮个体呈片状，弯钩形，甲壳透明，色红白或微黄，肉丰满，体长 25～40 毫米，体重 0.20～0.25 克，质地软硬适中，不易返潮霉变，味道鲜美。垦利虾皮富含多种营养物质，每百克含钙 950～990 毫克、磷 580～590 毫克、蛋白质 36～38 克。可用于各种菜肴及汤类的增鲜提味。

垦利虾皮主要产区分布在垦利区黄河口镇和永安镇等地，该地地处黄河下游，渤海湾西岸，黄河中大批的有机质和淡水由此注入渤海，极宜于中国毛虾等海洋生物的生长，毛虾资源丰富。所产毛虾体大色白，味道鲜美，素有“天然钙库”和“天然味素”之佳誉。垦利虾皮正是以此毛虾为原料，经清洗、烘干、分拣、包装而成，优质的原料和加工工艺为垦利虾皮独特的品质提供了保障。

商标名称：海阳白黄瓜　　**来源区域**：烟台

注册号：6137068　　**商标类型**：证明商标

申请日期：2007-06-29　　**注册日期**：2008-05-07

申请人：海阳市蔬菜协会

核定商品/服务：白黄瓜

海阳白黄瓜色泽晶莹剔透，绿中带白，白中透绿，宛若润玉，故又称“白玉黄瓜”。其外观纤细瘦长，形状顺直，粗细均匀，无瓜把、无棱沟，刺极少，乳白色，肉厚，可食率高，口感顺滑、肉质清香脆嫩、无苦涩味，适宜生吃，品质优于一般的黄瓜。

海阳白黄瓜主要产于海阳市辛安镇、行村镇、大闫家镇、二十里店镇、留格庄镇、盘石店镇等地。该地位于烟台南部，属暖温带海洋性季风气候，四季分明，气候温润，冬无严寒，夏无酷暑，无霜期长达220余天，年均气温12℃，年均降水量695.7毫米，独特的地域环境造就了海阳白黄瓜优良的品质。

商标名称:金岭小米　　**来源区域:**烟台

注册号:10043788　　**商标类型:**证明商标

申请日期:2011-10-10　　**注册日期:**2012-11-21

申请人:招远市瓜菜协会

核定商品/服务:小米

金岭小米素以色泽金黄、籽大粒圆、性黏味香、口味浓郁等特点闻名于世。

金岭小米生产地域是以招远市雾云山北麓的山上李家、山上姜家、山上张家、山上孙家、山上汪家为中心,辐射整个金岭镇及周围蚕庄镇、张星镇、罗峰办事处等地。这些地区土壤为山前洪积土,土层深厚,质地肥沃,非常适宜小米的生长和发育。加之该地农民有种植小米的历史和传统习惯,在品种培育上采取单株选择、多年连续提纯复壮等手段,造就了金岭小米独特的品质。

商标名称:栖霞苹果 **来源地区:**烟台

注册号:4532563 **商标类型:**证明商标

申请日期:2005-03-10 **注册日期:**2009-12-14

申请人:栖霞市苹果产业信息与技术协会

核定商品/服务:苹果

栖霞苹果色泽鲜艳，果面光洁，皮薄汁多，鲜香脆爽，肉质细腻，硬度适中，内含营养丰富，富含多种抗氧化物质和酯类、醇类几十种芳香类物质。

栖霞地处地球北纬 37°苹果黄金种植带，属暖温带半湿润大陆性季风气候，全年雨量适中，光照充足，雨热同期。该地土壤质地疏松透气，矿物质含量丰富，氮、磷、钾比例协调，并富含钙、镁、铁、锌等苹果必需的矿质元素，生产出的果品营养价值高。独特的水土条件、优越的气候条件和良好的生态环境孕育了感观优秀、品质优异的栖霞苹果。

商标名称:牙山黑绒山羊　　**来源地区:**烟台

注册号:10864806　　**商标类型:**证明商标

申请日期:2012-05-04　　**注册日期:**2013-03-21

申请人:栖霞市畜牧协会

核定商品/服务:山羊(活的)

牙山黑绒山羊为国家级畜禽遗传资源保护品种,已被列入《国家级畜禽遗传资源保护名录》,是我国宝贵的畜禽遗传资源。

牙山黑绒山羊全身被毛黑色,体格健壮匀称,体长大于体高,呈长方形。牙山黑绒山羊四肢端正,强健有力,善于登山;两耳半垂,有前额毛,颌下有髯。公、母羊均有角,呈倒“八”字形,公羊角粗大,向后两侧弯曲伸展,母羊角向后上方捻曲伸出,尾短上翘。成年羊屠宰率为45.15%(不含内脂),净肉率为35.45%。鲜肉的干物质含量为20.98%,粗蛋白质含量为17.42%,脂肪含量为0.65%,灰分含量为1.01%。

烟台

商标名称：烟台大樱桃　　**来源区域：**烟台

注册号：6765230　　**商标类型：**证明商标

申请日期： 2008-06-05　　**注册日期：**2009-03-28

申请人：烟台市大樱桃协会

核定商品/服务：樱桃

烟台大樱桃，果型端正，果实较大，色泽鲜艳，果肉脆嫩，晶莹剔透，酸甜爽口，含有丰富的钾、磷、钙、铁以及胡萝卜素、维生素 C、维生素 B_1、维生素 B_2 和烟酸等营养元素，被誉为“果中珍品”。

烟台位于山东半岛东部，属于暖温带半湿润季风气候，气候温和，空气湿润，四季分明，冬暖夏凉，丘陵地貌，三面环海，通风透光性好，独特的地域环境和气候条件塑造了烟台大樱桃天然、营养、健康的独特品质。

商标名称:烟台绿茶 **来源区域**:烟台

注册号:9467396 **商标类型**:证明商标

申请日期:2011-05-16 **注册日期**:2013-01-07

申请人:烟台市茶叶协会

核定商品/服务:茶

烟台绿茶，干茶色泽稍深、绿润，条索扁平、顺直、光滑，身骨重实，叶片肥厚，匀整洁净。茶水汤色碧绿明亮，滋味鲜爽，回味甘醇，层次性明显，耐冲泡，具有香、甘、鲜、亮、厚的特征。

烟台市属于暖温带海洋性季风气候，冬季空气温润，年均气温12 ℃，年均降水量651.9毫米，平均每年有29天的冷流降雪日，可为茶树补充越冬水且不利于病虫害过冬。另外，该地茶树光合作用慢，茶芽嫩性高，有利于糖类、蛋白质、芳香油可溶部分的形成和积累，内含丰富营养物质。优越的气候条件是烟台绿茶质优的保障。

商标名称：烟台桑叶茶 **来源区域：**烟台
注册号：14852562 **商标类型：**证明商标
申请日期：2014-07-22 **注册日期：**2015-03-28
申请人：烟台市茶叶协会
核定商品/服务：茶叶

烟台桑叶茶是北方代用茶的优秀代表，具有外形颗粒匀整，色泽鲜艳，茶香醇厚，汤色清澈明亮，味道微甜，叶底碧绿匀齐等特点。

烟台地区土壤以棕壤土为主，土壤矿质丰富，有机质分解慢、含量高，是优质桑树最佳种植区之一。另外，烟台春冷且长、夏凉多雨、秋暖干旱、冬冷多雪，极利于桑叶内物质的积累。独特的地域环境，让生长的桑叶的品质比其他地区更加优良，制成的桑叶茶滋味更浓郁，更耐冲泡。

商标名称：长岛海参　　**来源区域：**烟台

注册号：7366849　　**商标类型：**证明商标

申请日期：2009-05-04　　**注册日期：**2009-12-14

申请人：长岛县渔业协会

核定商品/服务：海参（非活）

长岛海参外表胖短，呈纺锤形，参刺粗壮，肉质肥厚，口感筋道，含有丰富的酸性黏多糖、精氨酸、烟酸、牛磺酸、钾、镍等营养素。

长岛海参出产于黄海—渤海分界线，该地水质为国家一级标准，海泥营养丰富，蕴藏着大量珍贵的海洋生物资源。独特的地域气候特点，为海参的生长提供了有利的条件，孕育出的海参独具美味。

商标名称:安丘大葱　　**来源区域:**潍坊

注册号:42519380　　**商标类型:**证明商标

申请日期:2019-11-22　　**注册日期:**2021-10-21

申请人:安丘市瓜菜协会

核定商品/服务:新鲜大葱

安丘大葱外形坚挺，葱茎紧实，葱白长可达40厘米，管叶呈浓绿色，肉质香脆，富含硒、锌、铁等微量元素，适合加工和鲜食。

安丘市属暖温带半湿润大陆性季风气候，气候温和，四季分明，春季风大干燥、失墒快，夏季炎热多雨，秋季清爽，冬季寒冷。光照资源充足，年均日照时数为2587.5小时，平均气温12.1℃。独特的气候条件造就了安丘大葱甘甜脆嫩、整体产量高的特点。

商标名称:安丘大姜　　来源区域:潍坊

注册号:6886205　　商标类型:证明商标

申请日期:2008-08-07　　注册日期:2009-12-14

申请人:安丘市瓜菜协会

核定商品/服务:姜

安丘大姜皮色黄亮,果型端正,结构紧密,块大丝少,辛辣清香,姜味浓郁,除含有大量碳水化合物、蛋白质、多种维生素和矿物质外,还含有大量姜辣素、姜油酮、姜烯酚和姜醇等,具有很高的食用价值和药用价值。

安丘地处暖温带半湿润季风气候区,气候温和,四季分明。当地河流众多,水质清澈,冲积平原肥沃疏松,光照充足,温度适宜,雨热同期,非常适宜大姜的生长和养分的积累,为其生长提供了得天独厚的自然条件,铸就了安丘大姜的独特品质。

商标名称：昌乐西瓜　　**来源区域**：潍坊
注册号：11886264　　**商标类型**：证明商标
申请日期：2012-12-13　　**注册日期**：2013-07-28
申请人：昌乐县瓜菜协会
核定商品/服务：西瓜

昌乐西瓜分有籽和无籽两大系列，大、中、小 3 种规格，200 多个品种。常年种植面积 16 万亩左右，年产量 60 多万吨，产值超过 20 亿元人民币。

昌乐县属暖温带大陆性季风气候，四季分明，昼夜温差大，有利于西瓜糖分的积累。该地日照充足，境内远古火山群造就了富含多种矿质元素的土壤，为昌乐西瓜生长提供了优越的光照和土壤条件，使其具有早熟、皮薄、沙瓤、脆甜的特点，并富含瓜氨酸、谷氨酸、维生素等营养成分。

商标名称：昌乐小南瓜　　**来源区域：**潍坊

注册号：20901225　　**商标类型：**证明商标

申请日期：2016-08-08　　**注册日期：**2018-02-21

申请人：昌乐县宝都街道农业综合服务中心

核定商品/服务：新鲜南瓜

昌乐小南瓜果皮坚硬，皮呈翠青色，有淡黄色斑纹，营养丰富，口味独特。据测定，昌乐小南瓜每百克含淀粉大于10克、胡萝卜素小于35克。成熟的果实经烘烤或蒸煮后，口感香甜粉糯，面度高，富含维生素、矿物质、植物蛋白等多种营养物质。

昌乐小南瓜主要产区为潍坊市昌乐县宝都街道。该地土壤多为沙壤土、轻壤土、中壤土，土质疏松，土壤肥沃，耕作性好，富含多种矿物质和微量元素，为昌乐小南瓜的独特品质创造了优异的地理条件。

商标名称:昌邑原盐　　**来源区域:**潍坊
注册号:11384285　　**商标类型:**证明商标
申请日期:2012-08-22　　**注册日期:**2013-02-07
申请人:昌邑市盐业协会
核定商品/服务:原盐

昌邑是著名的“溴盐之乡”，中国优质原盐的主要产区之一。它地处渤海莱州湾南岸，年均日照时间长，风力大，蒸发量高，地下蕴含丰富的天然卤水资源，且分布广、浓度高、储量大、埋藏浅、易开采，具有得天独厚的制盐条件。

昌邑原盐以古法卤水滩晒技艺，结合当地的自然条件精制而成，具有产量大、质量优、粒大方正、色泽光亮、晶体规则、咸味浓厚等特点，深受消费者青睐。

商标名称:高家河苦菊　　**来源区域:**潍坊

注册号:12338708　　**商标类型:**证明商标

申请日期:2013-03-28　　**注册日期:**2013-12-07

申请人:昌乐县城关街道高家河社区苦菊协会

核定商品/服务:新鲜苦菊

高家河苦菊叶形紧凑有致,叶心金黄,叶色碧绿,叶片肥厚,清爽可口,苦中带甜,清香宜人,株重250克左右。苦菊中含有丰富的钾、钙、镁、磷、钠、铁等元素,氨基酸种类齐全,且各种氨基酸比例适当,可炒食或凉拌,是清热去火的美食佳品。

高家河苦菊种植历史悠久,据传宋代即有种植,当地留有"李清照过昌乐因疾食苦菜而愈"的传说,其中"苦菜"即现在的苦菊。苦菊的大面积种植则兴于19世纪五六十年代,经过多年的改良培育,目前形成了多品种、多口味、多用途的优质蔬菜产品体系,行销全国各地。

商标名称：寒亭西瓜　　**来源区域：**潍坊

注册号：19055197　　**商标类型：**证明商标

申请日期：2016-02-02　　**注册日期：**2017-03-28

申请人：潍坊市寒亭区西瓜协会

核定商品/服务：西瓜

寒亭西瓜，果实呈圆形或椭圆形，单瓜重 1～8 千克，果皮薄脆，厚度不超过 1.2 厘米，皮色为绿底，上覆深绿色条带，瓜瓤脆沙，甘甜多汁，纤维含量少，十分爽口；每百克含糖大于 12.2 克，膳食纤维大于 0.3 克。

寒亭区位于山东半岛中部，属暖温带季风气候区，年均气温 12.1 ℃，年均日照时数 2800 小时，气候适宜，光照充足，四季分明，对西瓜的生长十分有利。寒亭人民利用“三膜一毡”的种植模式，采用滴水灌溉和配方施肥等措施，种植出的寒亭西瓜口感好、色泽正、含糖高、上市时间长，在海内外皆享有较高的声誉。

商标名称：青州山楂　　来源区域：潍坊

注册号：9404265　　商标类型：证明商标

申请日期：2011-04-29　　注册日期：2011-10-28

申请人：青州市山楂协会

核定商品/服务：山楂

青州山楂，果实略呈扁平状，果皮呈大红色，有蜡光，果点小而密，果顶宽平，具五棱；果肉粉白至粉红，肉质紧密，味酸稍甜，主要被用于工业深加工，可加工成山楂汁、浆、干、饼、酒、罐头、脯等食品。

青州山楂已有500多年的种植历史，此地山楂以果实大、品质优、产量高而闻名。山楂树具有喜光、耐旱、适宜低温的特性，而青州西部山区阳光充足，土壤肥沃，良好的生态环境和适中的气候条件，为青州山楂创造了得天独厚的生长环境，造就了青州山楂果肉细腻、果实着色好、含糖量高的内在特征。

商标名称:山阳大梨　　**来源区域**:潍坊

注册号:9319936　　**商标类型**:证明商标

申请日期:2011-04-11　　**注册日期**:2011-09-07

申请人:昌邑市饮马镇山阳村大梨协会

核定商品/服务:梨

山阳大梨外皮金黄，皮薄个大，酸甜适口，干脆醇香，含多种人体必需的微量元素和营养物质。其中，每百克果肉含水分86.3克、可溶性总糖7.12克、总酸0.12克、钾121毫克、钙2.4毫克，每千克果肉含锌0.37毫克、铁0.95毫克。

山阳大梨生产地主要分布在昌邑市饮马镇、北孟镇等地，该地域属北温带大陆性半湿润季风气候区，四季分明，阳光充足，年均气温12.6℃；土壤为沙土地，土质松散而细腻，通透性好，非常适合梨树的生长，加之铜、铁、锰微量元素含量适中，为山阳大梨的优质风味提供了必要的自然条件。

商标名称:潍县萝卜 **来源区域**:潍坊

注册号:8639148 **商标类型**:证明商标

申请日期:2010-09-06 **注册日期**:2011-02-14

申请人:潍坊市寒亭区农业合作发展协会

核定商品/服务:萝卜(新鲜的)

潍县萝卜,又称"青萝卜"或"高脚青",是以生食为主的水果萝卜珍品,素有"东北人参凤阳梨,难及潍县萝卜皮"的俗语。其营养丰富、脆甜多汁,略有辣味,口感甚佳。

潍县萝卜栽培历史悠久,距今已有300多年历史。清代乾隆年间,郑板桥在潍县任知县时,曾在《劝圃》一文中写有"潍县萝卜名天下"的字句。潍县萝卜主产区在原潍县(今寒亭区)周围,此地为冲积平原,地势平坦,地下水资源丰富,土层深厚,土壤肥力较高,多为轻黏砂壤土,微碱性,保水保肥能力强,土壤及水中可溶性钾含量高,保证了潍县萝卜的高品质。

商标名称:嘉祥白菊花　　**来源区域:**济宁
注册号:14641159　　**商标类型:**证明商标
申请日期:2014-06-30　　**注册日期:**2016-02-07
申请人:嘉祥县纸坊镇药用白菊花协会
核定商品/服务:白菊花（中药药材）

嘉祥白菊花，简称“嘉菊”，又名“济菊”，是中国八大主要药茶两用菊花品种之一。其株高 60～100 厘米，茎直立，多分枝，叶卵形，其边缘呈锯齿状或深裂，白色头状花序，呈伞房状排列，具有花大、色白、香味浓、药效佳等特点。

嘉祥白菊花的种植始于唐朝，至清乾隆年间作为贡品进献皇家。主要种植区域为嘉祥县，县内属暖温带大陆性季风气候，春旱多风，夏热多雨，秋季干爽，冬季干冷，四季分明。该地区的沙质土壤较多，粗细松散，土壤中富含钾、磷、锌、钙、铁、硒等多种微量元素，十分适宜白菊花生长。

商标名称：嘉祥大蒲莲猪　　**来源区域：**济宁

注册号：15984060　　**商标类型：**证明商标

申请日期：2014-12-22　　**注册日期：**2016-04-21

申请人：嘉祥县东三大蒲莲猪养殖协会

核定商品/服务：猪（活动物）

嘉祥大蒲莲猪，又名“五花头”“大褶皮”“莲花头”，系华北型大型黑猪，是嘉祥县古老的地方良种，主要分布于济宁市西部、菏泽市东部的南旺湖边沿地区，具有耐粗饲、产仔多、护仔好、哺育力高、肉质营养丰富等优点。

大蒲莲猪按外貌特征被分为“莲花头”和“黄瓜嘴”两个类型。大蒲莲猪成年公猪体重130～150千克，母猪90～120千克，在一般饲养标准下，瘦肉率高，肉鲜味美。与其他猪种相比，大蒲莲猪肉色泽鲜红、细嫩多汁，富含钾、钠、镁、铁、锌、硒等人体所需的矿物质元素和不饱和脂肪酸，是食中珍品。

商标名称:嘉祥小尾寒羊　　**来源区域:**济宁

注册号:14765433　　**商标类型:**证明商标

申请日期:2014-07-17　　**注册日期:**2016-01-28

申请人:嘉祥县小尾寒羊养殖协会

核定商品/服务:羊(活的)

嘉祥小尾寒羊,鼻梁隆起,耳大下垂,脂尾呈圆扇形,尾尖上翻,体躯长,呈圆筒状,四肢高,健壮端正,体型结构匀称。该羊肉质细嫩,膻味小,肌肉呈红色,有光泽,脂肪呈白色,肌纤维致密,有韧性,富有弹性,外表微干或有风干膜,脂肪团聚于表面,具有羊肉特有的香味。

嘉祥小尾寒羊属于肉皮兼用的地方良种,具有性成熟早、多胎高产、生长快、体格大、产肉多、遗传性稳定和适应性强等优点。该羊 4 月龄即可育肥出栏,年出栏率在 400%以上,6 月龄即可配种受胎,一年两胎,胎产 2～6 只,具有较高的经济价值。

商标名称:金乡大蒜　　**来源区域:**济宁

注册号:1607993　　**商标类型:**证明商标

申请日期:1996-10-21　　**注册日期:**2001-07-21

申请人:金乡县大蒜协会

核定商品/服务:大蒜

金乡大蒜个大,皮厚,不散瓣,汁鲜味浓,辣味纯正、适中,口感脆嫩,且拥有抗霉变、抗腐烂、耐贮藏等优点,营养价值极高。金乡大蒜含人体所需的蛋白质、脂肪、镁、磷、铁、钾等营养元素20多种。金乡大蒜不仅能直接食用,而且还能加工成蒜茸、蒜片、蒜粉、蒜油、蒜素等产品,广泛应用于食品、饮料、日用化工、化妆品、保健医药等领域。

济宁市金乡县是我国著名的“大蒜之乡”,有记载的大蒜种植历史就达2000多年。近几年,金乡成为我国大蒜出口的重要基地,出口至130多个国家和地区,享有“世界大蒜看中国,中国大蒜看金乡”的美誉。

商标名称：曲阜楷雕　　**来源区域：**济宁

注册号：10934575　　**商标类型：**证明商标

申请日期：2012-05-18　　**注册日期：**2012-12-07

申请人：曲阜市旅游品行会

核定商品/服务：软木工艺品

曲阜楷雕是山东省曲阜市独有的传统手工艺术，为“曲阜三宝”之一，国家级非物质文化遗产。相传最初为子贡所创，至今已有2400多年的历史。其原材料源于曲阜孔林独有的珍稀植物楷树，俗称“黄连木”，树皮呈鳞状，形体粗大苍劲，躯干如龙似虬；其雌树质地柔韧，纹理细密，呈金黄色，久藏不腐，可用于雕刻。因楷木稀少，今多使用硬度高、密度大、油脂含量高和耐磨性好的上等梨木替代。

楷木雕刻有圆雕、浮雕、透雕、镂空雕等多种形式，取法正宗，形神兼备，刀法古朴简约，浑厚精细，主要产品有手杖、人物、如意、屏风等。如意通体雕花、玲珑剔透，楷杖刻有龙凤图案、刀法准确、刀工细腻，人物雕刻活灵活现、形态逼真、衣纹流畅。

商标名称：曲阜熏豆腐　　来源区域：济宁
注册号：12176848　　商标类型：证明商标
申请日期：2013-02-19　　注册日期：2013-12-21
申请人：曲阜市孔府菜研究会
核定商品/服务：熏豆腐；豆腐制品

曲阜熏豆腐，又称“孔府熏豆腐”，是山东济宁独具风味的特色传统小吃。熏豆腐可凉拌、炖煮，也可切成薄片直接食用，或者稍加鲜辣椒炒制。

曲阜熏豆腐的制作方法是先将本地出产的大豆制作出新鲜白豆腐，切成长宽 5～6 厘米、厚 1 厘米左右的方块，放在铁箅子上，下面燃以松木、柏木、梨木、枣木、苹果木锯末或谷糠，待豆腐被锯末或谷糠油熏烤至棕黄色、泛起油亮光泽即成。这种熏制而成的豆腐表面结实，呈棕黄色，里面细白鲜嫩，吃起来带有浓郁的木香或谷糠香味。每百克豆腐中的蛋白质含量超过 7 克，每千克油脂含量超过 0.24 毫克、铁含量超过 1.4 毫克，营养丰富。熏豆腐因其独特的味道驰名中外。

商标名称:微山湖大闸蟹　　**来源区域:**济宁

注册号:12475924　　**商标类型:**证明商标

申请日期:2013-04-24　　**注册日期:**2013-12-21

申请人:微山县渔业协会

核定商品/服务:活蟹

微山湖大闸蟹原产于山东省微山县微山湖。微山湖是中国北方最大的淡水湖,物产富饶,素有“日出斗金”之美誉。其湖水水质纯净,湖区水域广阔,滩涂、河湾众多,水生动植物资源丰富,环境非常适于大闸蟹生长。

微山湖大闸蟹全身分为头胸部和腹部两部分,质地坚硬,最前端有一对螯足,表面长满绒毛;头胸部螯足之后有 4 对步足,侧扁而较长。微山湖大闸蟹营养丰富,肉质鲜嫩,味道鲜美而淳厚。每百克蟹肉中约含蛋白质 17.5 克、脂肪 2.6 克、碳水化合物 2.3 克、铁 2.9 毫克、钙 126 毫克、镁 23 毫克、锌3.68 毫克,同时还富含 10 余种游离氨基酸及维生素 A、维生素 B_1、维生素 B_2、烟酸等营养成分。

商标名称：微山麻鸭　　来源区域：济宁

注册号：9091505　　商标类型：证明商标

申请日期：2011-01-26　　注册日期：2011-09-07

申请人：微山县养鸭协会

核定商品/服务：活麻鸭

微山麻鸭原产于山东省微山县微山湖沿岸的15个乡镇及所辖湖面。多采用天然野外放养和圈养相结合的饲养方式。幼鸭初生体重为48克左右，70日龄幼羽长齐，公鸭平均体重1.2千克，母鸭平均体重1.1千克，120日龄全部换成成年羽，公母鸭平均体重分别达到1.52千克和1.61千克。

微山麻鸭体型中等，体态细致紧凑，眼大嘴宽，尾部稍向上翘，略似船型。公鸭头大颈粗，羽色鲜艳，体躯较长；母鸭全身麻羽，羽毛紧密，分红麻羽和青麻羽。微山麻鸭蛋壳色泽青绿色或乳白色，蛋黄色泽橘红至黄色，可腌制食用；鸭肉肉质细嫩，经加工后味道鲜美，风味独特，具有食补特色，老少皆宜。

商标名称:汶上芦花鸡　　**来源区域:**济宁

注册号:6646832　　**商标类型:**证明商标

申请日期:2008-04-09　　**注册日期:**2009-07-14

申请人:汶上县畜牧协会

核定商品/服务:活芦花鸡

汶上芦花鸡,体型呈元宝形,又称“元宝鸡”。该品种鸡颈部挺立,头宽而短,稍显高昂,前驱狭窄,背长宽而平直,后躯宽而丰满,腿较长,尾羽高翘。全身羽毛黑白相间,形成宽窄一致的花纹,呈芦苇花状。头型多为平头,公鸡多为单冠,冠、脸、肉垂为鲜红色,喙、胫呈白色或黄色,皮肤为白色,较薄。

汶上芦花鸡体型小,成熟早,产蛋多,肉质好,味道鲜美,营养丰富,具有“四高一低”的营养特点,可食部分占比大,血液中免疫球蛋白含量高,富含人体必需的氨基酸、维生素,胆固醇含量低。

商标名称：金乡黑蒜　　**来源区域：**济宁

注册号：22621415　　**商标类型：**证明商标

申请日期：2017-01-16　　**注册日期：**2018-05-28

申请人：金乡县大蒜协会

核定商品/服务：黑蒜

金乡黑蒜，外观呈黑褐色或黑色，无普通大蒜的刺鼻味道，入口酸甜可口。营养价值较高，每百克黑蒜中约含蛋白质 10.3 克、碳水化合物 44.9 克、钠 57 毫克。

金乡县属暖温带大陆性季风气候，冷热季和干湿季区别明显，县区及周边地势平坦，耕地以潮土为主，土质疏松，易耕作，非常适宜大蒜种植。金乡黑蒜就是由完整、饱满、未剥皮、无霉点的金乡大蒜，用当地弱碱性水浸泡晾干后，在高温高湿的容器中经 40 天特殊发酵而成。黑蒜在保留生大蒜原有成分的基础上，使生大蒜的抗氧化、抗酸化功效提高了数十倍，而且味道不刺激，食后无蒜味，不上火。

商标名称:金乡辣椒　　**来源区域:**济宁

注册号:23307870　　**商标类型:**证明商标

申请日期:2017-03-28　　**注册日期:**2018-05-28

申请人:金乡县辣椒协会

核定商品/服务:辣椒

金乡辣椒果实呈长指状,顶端渐尖弯曲,未成熟时为绿色,成熟后呈红色,味辣,种子呈扁肾形,具有上市早、产量高、干度好、色泽艳、辣度高等特点。每百克辣椒含蛋白质大于1克,碳水化合物小于5克。

金乡县四季分明,冷热季和干湿季区别明显,耕地以潮土为主,土质疏松,易耕作,适于须根系作物生长,优越的气候和土壤环境为金乡辣椒的生长提供了有利的自然条件。

商标名称:徂徕黄金梨　　**来源区域:**泰安

注册号:11549972　　**商标类型:**证明商标

申请日期:2012-09-27　　**注册日期:**2013-05-28

申请人:泰安市岱岳区徂徕镇果树农民经济协会

核定商品/服务:梨

徂徕黄金梨,果实呈圆形,平均单果重400克,大小均匀一致,成长期果面呈绿色,充分成熟后呈金黄色或淡乳黄色,无果锈,表面光洁,果皮薄而细嫩,果肉白而细腻,汁多,味甜,酸味小,耐贮运,食之清脆香甜,口感适中,后味浓香绵长。

徂徕镇位于泰山东南侧,徂徕山之阴,大汶河南岸,属典型暖温带季风气候。该地土层深厚,沙量适中,有机肥丰富,加之当地因地制宜,实行秸秆掩埋造肥工程,为徂徕黄金梨果树的生长提供了优越的条件。

商标名称:宁阳大枣　　**来源区域:**泰安

注册号:8966151　　**商标类型:**证明商标

申请日期:2010-12-20　　**注册日期:**2011-09-07

申请人:宁阳县林果协会　　**核定商品/服务:**干枣

宁阳大枣，果形饱满，果面光滑，个头均匀，肉质肥厚，色泽鲜艳，味道甘美，香气浓郁，被世人称为“天然维生素丸”，有“一日三枣，长生不老”“宁阳大枣，中华药枣”等赞誉，曾获全国首届红枣交易会金奖、林业产品博览会金奖等荣誉。

宁阳县属北温带半湿润大陆性季风气候，地形以丘陵、山地为主，冬季时间长，干冷少雨，夏季高温高湿，而且光照充足，特有的气候形成了该地区大枣色泽鲜艳、个大型美、营养成分齐全的特点。

商标名称:泰安红心萝卜　**来源区域:**泰安

注册号:15216110　**商标类型:**证明商标

申请日期:2014-08-25　**注册日期:**2015-11-14

申请人:泰安市岱岳区夏张镇夏张红农产品协会

核定商品/服务:萝卜(新鲜的)

泰安红心萝卜体型椭圆,皮青心红,平均单果重约400克,大的不超过500克,大小均匀一致。泰安红心萝卜性凉,水分足,糖分高,质地脆,甜中微辣,风味独特,可溶性固形物含量约14%,可溶性糖含量约6.3%,可滴定酸含量约0.19%,成熟后汁香味鲜,多汁多水,食之清脆香甜,口感适中,后味浓香绵长,被誉为萝卜中的珍品。

泰安红心萝卜主产区为泰安市岱岳区夏张镇。该地位于泰山西南侧,属典型暖温带季风气候,土壤以棕壤土为主,土层深厚。另外,夏张镇实行秸秆掩埋造肥工程,增加了土壤中的氮、磷、钾等成分,提升了土地肥力,有利于萝卜吸收各种营养物质。特殊的地域特色、优质的土壤条件和丰富的营养成分为泰安红心萝卜的生长提供了优越的条件。

商标名称:泰安煎饼	**来源区域:**泰安
注册号:11549973	**商标类型:**证明商标
申请日期:2012-09-27	**注册日期:**2013-03-21
申请人:泰安市岱岳区泰安煎饼协会	
核定商品/服务:煎饼	

泰安煎饼是北方民间的传统食品,是泰安的地方特产,历代为宫廷供品,历史悠久,明代已成百姓日常食品。

泰安煎饼以玉米、高粱、谷子、地瓜干等粗粮为原料,经过粉碎泡糁、磨细成糊之后,将面糊摊于鏊子上边刮边烙,烙熟即成。它具有酸甜适中、厚薄均匀、香味浓、耐储存、易咀嚼、不散口等特点。既可单独食用,也可加其他蔬菜做菜煎饼卷食,既可作为大众主食,又可作为酒席点心,取用方便,应用场景广泛。

泰安煎饼自古便受到人们的喜爱。泰安城东羊楼村范家老户在1967年拆除古坯墙时曾发现一份明万历年间的“分家单”,内有“鏊子一盘,煎饼二十三斤”的记载。1935年冯玉祥将军到泰山时,曾把泰安煎饼当作馈赠朋友的礼品。

商标名称:泰山板栗　　**来源区域**:泰安

注册号:13066668　　**商标类型**:证明商标

申请日期:2013-08-12　　**注册日期**:2014-02-07

申请人:泰安市岱岳区下港乡特色农产品产业协会

核定商品/服务:新鲜栗子

泰山种植板栗的历史悠久,已有 3000 多年历史,早在周、秦时期即有记述,有“干果之王”的美称。泰山板栗果实大小均匀,壳薄,果皮色泽油光发亮,呈黑褐色或红褐色,底座小,呈扁圆或浑圆状,内衣皮易剥,果肉通体淡黄,肉质细腻,香甜软糯,营养丰富,富含人体所需营养元素,生食、煮食、炒食皆宜。

泰山板栗,主产区为泰安市岱岳区下港乡、黄前镇、祝阳镇、山口镇等地。该区域位于泰山周边、齐长城以南的丘陵山区,全年四季分明,雨量适中,热量丰富,动植物资源丰富,生态环境和谐,得天独厚的生长条件是泰山板栗的品质保证。

泰山板栗在当地还有浓厚的文化内涵,栗子谐音“立子”。在泰山周边婚礼中常同枣出现在一起,取“早生贵子”的美好寓意。

商标名称：新泰珍珠油杏　　**来源区域**：泰安

注册号：24217330　　**商标类型**：证明商标

申请日期：2017-05-19　　**注册日期**：2018-07-21

申请人：新泰市青云街道外峪珍珠油杏研究所

核定商品/服务：新鲜杏

新泰珍珠油杏是新泰市珍稀地方名产，其果实椭圆形，平均单果重约26.3克，最大单果重38克，两半部对称，成熟后果面光滑，似被一层油脂包裹，着色均匀，果肉橙色半透明，离核，肉质韧、硬、味浓甜，似有哈密瓜的香气，鲜食品质极佳。同时，油杏易加工，出仁率达42%，油杏果肉可以制干、加工果脯等。

新泰珍珠油杏主要种植区域分布在新泰市小协、泉沟、果都、西张庄、天宝、放城、龙廷等8个乡镇境内。该区域属暖温带大陆性季风气候，域内有柴汶河、青云湖等，水资源丰富，土质中性偏酸，土层深厚，富含多种微量元素，这些得天独厚的自然条件使新泰珍珠油杏糖分及其他营养物质含量较高，营养更丰富。

商标名称：荣成鲍鱼

来源区域：威海

注册号：50452020

商标类型：证明商标

申请日期：2020-10-15

注册日期：2022-03-28

申请人：荣成海鲜协会

核定商品/服务：鲍鱼（非活）

荣成鲍鱼属于皱纹盘鲍，生长周期在一年半以上，个体较大，成鲍体长一般7～10厘米，大者可达14厘米左右，壳表面呈绿褐色或棕色，壳内侧呈银白色，具珍珠光泽。生鲜鲍肉呈淡黄色，肉质肥厚，无异味，无可见泥沙，无外来杂质及吸附物，蛋白质含量较高，营养丰富，熟食肉质细嫩有韧劲，口感清脆，鲜而不腻，清而味浓。

荣成地处山东半岛东端，三面临海，四季分明，气候温和，海流畅通，水体交换量大。海湾内风浪较小，底质为岩礁石块，藻类丰富，远离大江大河，受陆源污染物影响小。同时，水温适宜，冬季极少受海冰危害，是适合鲍鱼栖息的良好环境。

商标名称：荣成刺参　　来源区域：威海

注册号：44256821　　商标类型：证明商标

申请日期：2020-02-27　　注册日期：2022-03-28

申请人：荣成海鲜协会

核定商品/服务：海参(非活)

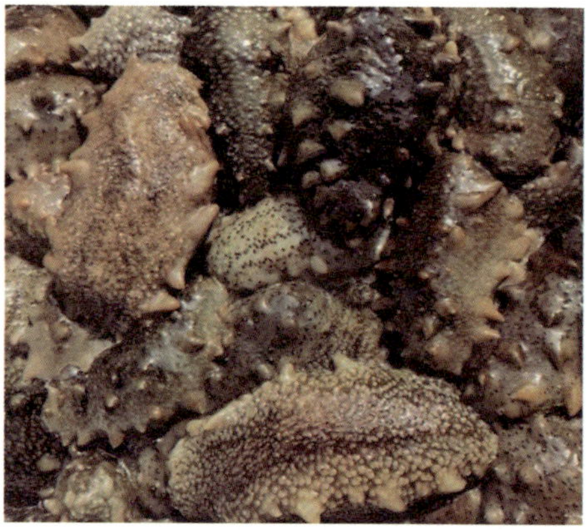

荣成刺参，个体肥大，体形呈圆筒状，体长一般20～40厘米，体宽3～6厘米，体表亮洁，呈黄绿色或深褐色。背面稍隆起，上有4～6行圆锥形的突棘，突棘粗短透明、完整无断裂，腹面呈浅黄褐色。熟刺参口感鲜美，细腻厚实有弹性，无砂质，蛋白质含量丰富。

荣成三面环海，海流畅通，海水交换量大，养殖区环境质量优良，近海盐度为29‰～32‰，稳定的海水盐度提高了荣成刺参免疫力，使得荣成刺参更易存活，品质优良。非雨季时，荣成光照充足，有利于幼体饵料的培养。沿海港湾及浅海生长着茂密的大叶藻，底栖硅藻丰富，是海参自然繁育生长的良好场所。

商标名称:荣成海带　　**来源区域**:威海

注册号:4229043　　**商标类型**:证明商标

申请日期:2004-08-19　　**注册日期**:2006-02-14

申请人:荣成海鲜协会

核定商品/服务:海带

荣成海带藻体长度可达3米多,叶面宽,宽度可达30厘米以上,叶片肥厚,厚度可达4毫米,颜色呈深褐色。海带中碘、褐藻胶、甘露醇等含量丰富,分别为0.7%、23%、15%。另外,每百克海带中约含蛋白质8.2克、脂肪0.1克、碳水化合物56.2克、膳食纤维9.8克、钾4.36克、钙2.26克、磷0.21克、铁0.15克,还含有锶、钛、锰、锌、钴、硒、铜等微量元素和大量维生素。

荣成位于山东半岛最南端,三面环海,素有"中国海带之乡"的美誉,海带养殖面积和产量均具全国首位,同时也是海带产品的主要出口地,产品远销日本、韩国等十几个国家和地区,带动了从养殖到运输、辅料、包装等供应链的协同发展,为当地带来了较高的经济效益。

商标名称:乳山牡蛎　　**来源区域:**威海

注册号:5567446　　**商标类型:**证明商标

申请日期:2006-08-28　　**注册日期:**2009-02-14

申请人:乳山市牡蛎协会

核定商品/服务:牡蛎(非活)

乳山牡蛎个大肥满，肉质爽滑，味道鲜美，含有丰富的蛋白质、牛磺酸、糖原以及锌、铁、钙、硒、镁等微量元素，生熟食皆宜。

乳山牡蛎独一无二的优良品质得益于乳山优异的养殖环境条件。养殖区主要理化指标达到国家一类海水标准，海水的温度、盐度适中，表层年均水温 13.5 ℃，年均盐度 29.3‰。海底坡度平缓，泥沙底质，水深 6～15 米，境内的两大入海河流——乳山河和黄垒河以及黄海沿岸流，为海区提供了丰富的营养盐，得天独厚的自然条件适合牡蛎的生长。

商标名称:文登西洋参　　**来源区域**:威海

注册号:15324063　　**商标类型**:证明商标

申请日期:2014-09-11　　**注册日期**:2015-11-14

申请人:威海市文登区张家产镇西洋参产业协会

核定商品/服务:西洋参

文登西洋参属于五加科,人参属,多年生草本,全株无毛,根茎较人参短,根肉质,呈纺锤形、圆柱形或圆锥形。参体表面呈浅黄褐色或黄色,皮细腻,上部有密集横环纹。每百克皂苷含量大于6克。

文登地处北温带,属暖温带大陆性季风气候,四季分明,年均气温11.1 ℃,无霜期为195天,年均降水量823.9毫米,年均日照2522小时,土壤疏松,其中沙性土占86%,pH值为6.5。相比其他产区,文登西洋参生长期多了近两个月,更有利于增加和积累有效成分。

商标名称：日照绿茶　　**来源区域：**日照

注册号：2016491　　**商标类型：**证明商标

申请日期：2000-02-17　　**注册日期：**2002-08-21

申请人：日照市茶叶协会

核定商品/服务：茶

日照是世界公认的三大海岸绿茶城市之一。它地处鲁东南，东临黄海，属暖温带湿润季风气候，光照充足，雨量充沛，山清水秀、云蒸雾绕的沿海山区，很适合种植茶叶。1959 年，山东省政府确定日照为“南茶北引”的试验县之一。

日照昼夜温差大，茶树生长缓慢，从而使绿茶具备了南方茶所没有的特点。日照绿茶以当地生产的优质茶树鲜叶为原料，经摊青、杀青、回潮、揉捻（理条）、做形、干燥等工艺制作而成，其干茶具有色泽绿润、均匀完整、香气高爽持久、汤色黄绿明亮、滋味鲜爽醇厚、耐冲泡、叶底肥嫩等独特优良品质，被誉为“中国绿茶新贵”。

商标名称:莒县苹果　　**来源区域:**日照

注册号:57600107　　**商标类型:**证明商标

申请日期:2021-07-10　　**注册日期:**2022-10-21

申请人:莒县碁山镇农业综合服务中心

核定商品/服务:新鲜苹果

莒县苹果具有色泽红润、水分多、糖度高、口感好、脆香甜、质细汁多等特点。果实呈圆形,外观向阳部分为深红色,下部为浅红色,着深红色条纹或晕,鲜艳有光泽,食之口中留香。果实大,单果重200～450克,果实横断面直径65～69毫米。果实皮薄有韧性,果肉厚实呈浅白色,果内籽少,果实硬度高,出汁率达80%,耐藏性好。每百克含糖超过11克,可溶性固形物超过16克,维生素C超过9毫克。

莒县苹果是山东省日照市莒县的特色农副产品之一,栽培历史悠久。该区域属于暖温带半湿润季风气候,具有四季分明、昼夜温差大、光照充足的气候特征。此地地下水丰富,土壤肥沃,十分适合苹果的生长。

商标名称：莒县蚕茧　　**来源区域：**日照

注册号：34401344　　**商标类型：**证明商标

申请日期：2018-11-01　　**注册日期：**2020-04-14

申请人：莒县蚕茧协会

核定商品/服务：蚕茧

莒县有 5000 多年的种桑养蚕历史，1982 年开始实行贸工农一体化、产供销全链条发展之后，逐步形成了具有地方特色的莒县蚕茧。蚕的正常龄期在 28 天左右，恰好当时桑叶成熟不老化，达到“良桑饱食”状态，所结蚕茧个大、丝长、皮厚。蚕在上簇后，将温度、湿度和气流掌控在合理范围，确保蚕茧的品质。

优良的桑蚕品种，充足优质的桑叶原料，适宜的自然环境，全程的精心管理，共同造就了莒县蚕茧茧色洁白、形大匀整、茧层厚、茧衣蓬松、茧丝长、净度高的优良品质。

商标名称:莒县大姜　　**来源区域**:日照

注册号:8382742　　**商标类型**:证明商标

申请日期:2010-06-11　　**注册日期**:2010-11-28

申请人:莒县有机大姜协会

核定商品/服务:大姜

莒县大姜种植历史悠久,迄今已有380多年的历史。莒县大姜主要分布在莒县峤山、桑园、龙山、店子集、洛河、寨里河、棋山等山丘乡镇,常年种植面积5万亩,总产量超15万吨。莒县大姜外皮金黄,皮薄块大,肉质鲜嫩,粗纤维少,口感脆爽,辛辣适中,姜味浓郁,有机质及营养成分含量高。

莒县大姜主要以峤山镇为生产、收储、加工、流通集散地。莒县出口保鲜大姜占山东出口量的20%,并远销到欧洲、美国、日本、韩国、新加坡和非洲等国家和地区。

商标名称：莒县雪山小米　　**来源区域**：日照

注册号：22478106　　**商标类型**：证明商标

申请日期：2017-01-03　　**注册日期**：2018-05-28

申请人：莒县果庄镇雪山小米协会

核定商品/服务：小米

莒县雪山小米色泽金黄，粒小均匀，黏度高于普通小米约 18%，脂肪含量高达 3%。

莒县雪山小米生产范围是莒县果庄镇前果庄村、苇园村、下茶城村等地。该区域地貌类型多样，西北丘陵，东部平原，位于北纬 35°40′，东经 118°48′，属于暖温带季风性气候，昼夜温差大，冬季漫长寒冷，夏季短而酷热、降水集中，年均气温为 12.1 ℃，年均降水量 750 毫米左右，年均日照时数 2450 小时，无霜期 182 天。土壤多为细沙土，类型以棕壤为主，呈弱酸性，多为含磷风化物，土层肥沃松软。该区域特定的气候和土壤非常适合小米生长，从而形成了莒县雪山小米特有的品质。

商标名称：五莲黑猪　　**来源区域：**日照

注册号：38219196、38219197　　**商标类型：**证明商标

申请日期：2019-05-16　　**注册日期：**2020-10-07

申请人：五莲县五寨峰五莲黑猪技术推广服务中心

核定商品/服务：猪肉；活猪

五莲黑猪体型中等，结构匀称，背毛粗密，头大小适中，嘴筒粗长，耳稍下垂，额宽有菱形皱纹，额下肉垂小，颈中等长，颈肩结合良好，肩宽、胸宽，背腰平直，腹大紧凑，四肢粗壮，后驱丰满。成年母猪体长150厘米左右，胸围139厘米左右，体高71厘米左右；成年公猪体长158厘米左右，胸围140厘米左右，体高80厘米左右。该品种肌肉结实，肉质好，瘦肉率高，具有皮厚、脂白、肉红、色鲜、弹性好等特点。

五莲县属暖温带半湿润大陆性季风气候，域内大小河流纵横，水资源丰富，多山地、丘陵地貌，土壤中铁、锰、氮、磷、钾等有机质含量丰富，优越的自然条件使草饲料富含各种营养成分，为五莲黑猪生长期蛋白质等营养物质的积累奠定了良好的物质基础。

商标名称：莒县丹参　　**来源区域：**日照

注册号：9489486　　**商标类型：**证明商标

申请日期：2011-05-20　　**注册日期：**2011-10-21

申请人：莒县库山中药材协会

核定商品/服务：丹参

莒县丹参根茎粗短，根数条，长圆柱形，略弯曲，呈紫红色，具有纵皱纹，外皮不易剥落，质地坚实，断面较平整，略呈角质样，木质部灰黄色或黄棕色，导管黄白色，呈放射状排列。

莒县地处丘陵地带，属暖温带半湿润大陆性季风气候，四季分明，光照充足，年均气温 12.8 ℃，年均日照 2638.3 小时，无霜期 213 天，年均降水量 885 毫米。土壤多为沙壤土和粽壤土，属中性土壤。山岭相连，河流密布，林茂水清，独特气候条件和地域条件赋予了莒县丹参的独特品质。

商标名称：莒县浮来砚	**来源区域：**日照
注册号：37270159	**商标类型：**证明商标
申请日期：2019-04-03	**注册日期：**2020-11-21
申请人：莒县浮来砚协会	
核定商品/服务：砚台	

莒县浮来砚发墨快而细腻，润笔护毫，自汉代出现，至晋代已十分有名，至今还流传着王羲之“身居琅琊学孙武，我用莒砚写兰亭”的名句。

莒县浮来砚砚石多为扁平沉积岩石饼，独立成形，大小不一，形态各异，天然纹理明显，有桃形、树叶形、马蹄形、鱼形等。砚石颜色各异，有质地坚硬的黝黑色，也有绵软柔润的淡红色、褐红色、沉绿色等。砚石厚薄不一，厚的 20 余厘米，薄的 2～3 厘米，均适宜雕刻制砚。砚石周边均有不规则石乳状自然纹理，石质细嫩，磨面如玉，细如凝脂。层面含丰富的三叶虫化石，形态各异，无不令人喜爱。

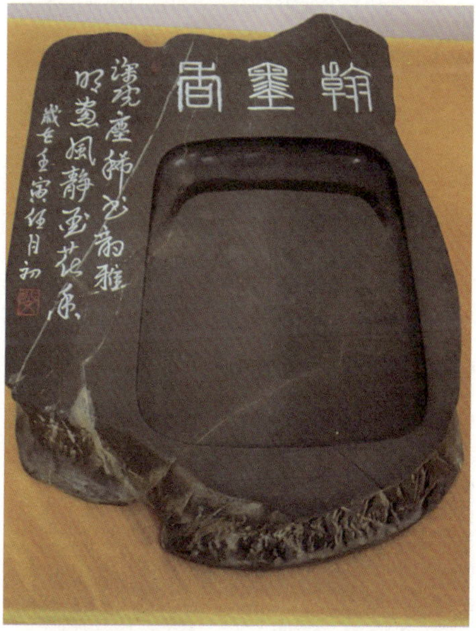

商标名称:莒县葡萄　　**来源区域**:日照

注册号:19346872　　**商标类型**:证明商标

申请日期:2016-03-18　　**注册日期**:2016-12-14

申请人:莒县葡萄协会

核定商品/服务:新鲜葡萄

莒县葡萄色泽鲜艳，香味浓郁，甘甜爽口。每百克葡萄中蛋白质含量大于0.3克，热量大于43卡，膳食纤维含量大于1.8克，糖含量大于8.6克。

莒县属于暖温带半湿润大陆性季风气候，四季分明，太阳辐射强烈，日照充足，降水丰富，有利于作物进行光合作用。莒县葡萄的产地为地势平坦区域，保水保肥，排水良好，生产过程中进行耙耱保墒、中耕除草、深耕改土、合理灌溉等土壤管理措施，再通过科学施肥、及时排涝、控制水分等措施，有利于糖分积累和减少病害的发生。

商标名称：莒县绿芦笋　　来源区域：日照

注册号：8814188　　商标类型：证明商标

申请日期：2010-11-05　　注册日期：2011-03-21

申请人：莒县绿芦笋标准化种植联合会

核定商品/服务：绿芦笋

莒县绿芦笋粗细均匀，包头紧实，颜色嫩绿，口味鲜美，品质上乘，富含人体必需的多种氨基酸、芦丁、胆碱、叶酸等物质，特别是维生素、钙、铁的含量远高于白芦笋。经过深加工后可制成芦笋茶、芦笋水饺、芦笋饮料等多种产品。

莒县地处中纬度，属暖温带半湿润大陆性季风气候，四季分明，平均气温适中，全年日照时数长，气候适合绿芦笋等经济作物生长。

商标名称: 李官黄金桃　　**来源区域:** 临沂

注册号: 26783672　　**商标类型:** 证明商标

申请日期: 2017-10-10　　**注册日期:** 2018-12-14

申请人: 临沂市兰山区李官镇黄金桃种植服务中心

核定商品/服务: 新鲜桃

李官黄金桃果实呈圆形,果顶凹或平,缝合线浅,单果重平均260克左右,底部橙黄,阳面紫色,沿缝合线至顶部披紫红色斑,色泽艳丽,果肉黄色,离核,近核处紫红色,呈辐射状,果肉致密硬脆,口味独特,甜而微酸。

李官黄金桃主要产区位于沂河河畔,水源充沛,植被覆盖率高。土壤以红沙土为主,耕层深厚,渗水保墒好,耕性好,使得黄金桃所结果实硬度大、离核,是黄金桃的最佳栽培区。该地区属暖温带半湿润大陆性季风气候,年均日照时数为2357.5小时,日照率为55%,生长周期达120天以上,长时间的生长周期和充足的光照有利于黄金桃养分的积累,优越的自然环境塑造了李官黄金桃独特的品质。

商标名称:李官葡萄 **来源区域**:临沂

注册号:51317488 **商标类型**:证明商标

申请日期:2020-11-17 **注册日期**:2022-03-28

申请人:临沂市兰山区李官葡萄栽培服务中心

核定商品/服务:新鲜葡萄

李官葡萄果粒饱满、颜色鲜艳、口感香甜、易剥离,果肉硬实、风味佳。其果穗近似圆柱形,穗型紧凑,平均穗重0.45～0.7千克,平均穗45～55粒,果粒圆形,色泽黑紫,果面光洁有果粉,果皮薄有弹性,果肉细腻柔滑呈淡绿色,无纤维,果汁含量高,风味甘甜有清香味。

临沂市兰山区李官镇有40多年的李官葡萄种植历史,该地属鲁中南山地的南缘,海拔在80～250米。土壤以红砂土为主,土层深厚、松软肥沃、透气性好,土壤中含有丰富的磷、钾等营养元素。该地昼夜温差较大,一般在10 ℃～12 ℃,有利于李官葡萄糖分等多种营养物质的积累,得天独厚的条件塑造了李官葡萄的独特品质。

商标名称：沂南黄瓜　　**来源区域**：临沂

注册号：8357861　　**商标类型**：证明商标

申请日期：2010-06-03　　**注册日期**：2020-11-28

申请人：沂南县孔明蔬菜标准化生产协会

核定商品/服务：黄瓜

沂南黄瓜色深条直，顶花带刺，脆甜清香，营养丰富。每100克总糖含量大于1.58克，钙含量大于15毫克，磷含量大于29毫克，铁含量大于0.15毫克，维生素C含量大于11毫克。此外，还富含葡萄糖、半乳糖、甘露糖、木米糖、果糖、咖啡酸、绿原酸、多种游离氨基酸以及挥发油、葫芦素、黄瓜酶等物质。其含糖量、含钙量以及维生素C含量明显高于普通黄瓜。

沂南县属暖温带半湿润大陆性季风气候，土壤以河潮土为主，温度适宜，光照充足，雨热同期，无霜期长。沂河、汶河、蒙河三条大河贯穿全县，山清水秀，土地肥沃，盛产蔬菜。沂南县自1934年开始种植黄瓜，现常年种植面积达35万亩以上，总产量达225万吨，是省内优质的黄瓜产区。

商标名称：临沭柳编　　**来源区域**：临沂

注册号：8191352　　**商标类型**：证明商标

申请日期：2010-04-09　　**注册日期**：2010-10-21

申请人：临沭县柳编工艺品商会

核定商品/服务：柳条制品；柳编织工艺品

临沭柳编为临沭县传统手工艺品，已有1400年的传承历史，其设计精巧，加工精细，经济耐用，使用方便，节能环保，观赏价值较高，集实用和观赏于一身，受到各地群众喜爱。

临沭县是全国最大的柳条种植、加工、销售基地，柳编产业已成为当地经济发展的支柱产业。据统计，2022年临沭县杞柳种植面积达到12万多亩，年产杞柳干条达1.5亿千克，农村家庭编织户达6万户，直接从事柳编的编织人员有6万多人，工艺品加工的花色品种有万种以上。

2009年临沭县获评“中国柳编之都”，2012年临沭柳编被列入山东省非物质文化遗产名录，2020年临沭柳编被列入第五批国家非物质文化遗产保护名录，柳编已成为临沭县最为亮丽的一张名牌。

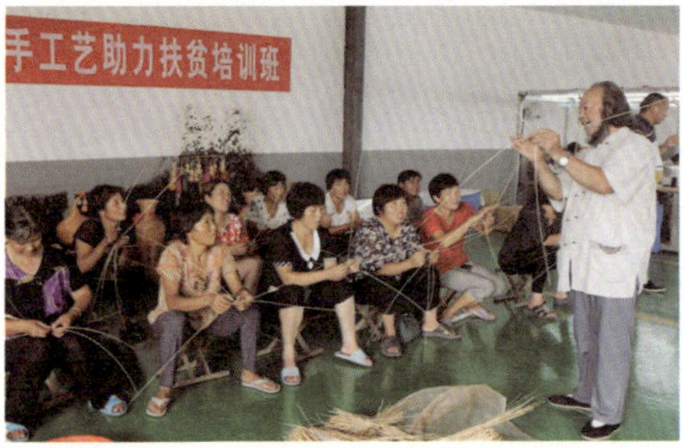

商标名称：齐河牛肉　　**来源区域**：德州
注册号：22494295　　**商标类型**：证明商标
申请日期：2017-01-04　　**注册日期**：2018-05-21
申请人：德州圣喜特色食品推广服务中心
核定商品/服务：牛肉

齐河牛肉的主要原料是鲁西黄牛。鲁西黄牛主要分布于鲁西北平原，该地光照充裕，四季分明，属暖温带半湿润大陆性季风气候，牧草茂盛，为鲁西黄牛的生长提供了优渥的自然环境。

齐河牛肉选择鲁西黄牛的腱子、胸口、肋扇等部位，再辅以肉蔻、砂仁、丁香等20余味佐料，加陈年循环老汤腌制12小时，先用旺火煮制1小时，撇去浮沫，将肉捞出，倒入酱汁烧开，再用纱布将煮肉的渣沫过滤。然后用牛骨垫锅，将肉块码在牛骨上，放入大料袋，旺火煮1小时，文火煮制3小时，同时加入陈年老汤，停火再焖制3小时，捞出晾干凉透，成品色泽红润，肉质鲜嫩，肥而不腻，瘦而不柴，醇香可口，营养丰富，切片浇汤食用营养价值更高。

商标名称：茌平圆铃大枣　　来源区域：聊城

注册号：11898326　　商标类型：证明商标

申请日期：2012-12-17　　注册日期：2014-03-21

申请人：茌平县优质农产品协会

核定商品/服务：枣

茌平圆铃大枣品质优良，形似圆铃，果皮深紫红色，个大皮薄，肉厚核小，果形饱满，甘甜香脆，营养丰富。鲜枣和干枣含糖量大于40%，每百克果肉维生素 C 含量10毫克以上，可食率97%，素有“天然维生素丸”之称。其耐贮运，抗裂果，制干率高达62%。

茌平圆铃大枣有2000多年的栽培历史，曾被列为贡品。明清时期，农田中枣树已成林成片，有“六月鲜花连水香，千家小枣射云红”的诗句。据《山东各县乡土调查录》记载，圆铃大枣经加工、熏制而成的乌枣，每年经运河输往宁波、天津等地约10万担，宋代起远销往东南亚等地。2004年12月，茌平县被国家林业局命名为“中国圆铃枣之乡”。

商标名称：东阿黄河鲤鱼　　**来源区域：**聊城

注册号：15097352　　**商标类型：**证明商标

申请日期：2014-08-05　　**注册日期：**2015-11-14

申请人：东阿县渔业协会

核定商品/服务：鲤鱼（活的）

东阿黄河鲤鱼体型修长，体侧鳞片金黄色，臀鳍、尾柄、尾鳍下叶呈橙红色，胸鳍、腹鳍呈橘黄色。烹饪后肉质细嫩、纹理清晰、洁白如玉，闻之清香扑鼻。经测定，黄河鲤鱼平均每百克脂肪含量小于 8 克，蛋白质含量大于 20 克。

关于东阿黄河鲤鱼，有“渔姑炖鲤救曹植”“黄河鲤鱼跳卡口，艾山脚下锁蛟龙”“鲤跃龙门”等美丽传说，获评“中国农产品地理标志保护产品”和“中国地理标志证明商标”，2021 年被收入“全国名特优新产品”名录。

商标名称:东阿小麦　　来源区域:聊城

注册号:8101891　　商标类型:证明商标

申请日期:2010-03-08　　注册日期:2014-03-14

申请人:东阿县粮食行业协会

核定商品/服务:小麦;谷种;植物种子;植物种籽

东阿小麦籽粒饱满,蛋白质含量高,粉质稳定,湿筋含量高,吸水率高,粉色天然、洁白,小麦表皮较薄,出粉率高,角质率高,呈透明状,千粒重达45克。主要适宜制作水饺、馄饨、薄饼、拉面等,经适当调整也可配麦制作面包粉。

东阿县土质疏松,含氮充足,土地肥沃,水资源充足,水质特优,具备种植小麦天然优势。东阿小麦凭借良好的综合品质荣获"中国首届农业博览会"金奖,东阿县先后荣获"全国优质小麦生产基地县"等荣誉称号。

商标名称：高唐蜂蜜　　**来源区域**：聊城

注册号：24217336　　**商标类型**：证明商标

申请日期：2017-05-19　　**注册日期**：2018-09-14

申请人：高唐县蜂寿君蜜蜂产业服务中心

核定商品/服务：蜂蜜

高唐蜂蜜色泽金黄，透明无杂质，常温下呈黏稠流动状态，味道清香浓郁，鲜甜不腻，含有丰富的营养价值，极易被人体消化吸收。

高唐县属暖温带半湿润大陆性季风气候，光照充足，降水充沛，气候适宜，土壤通透性强，生态资源丰富，适宜各种农作物的生长，特定的自然地理环境为高唐蜂蜜的生产提供了丰富的蜜源条件。另外，高唐采用古法“灵丘丈人养蜂术”和现代技术相结合的养蜂技术，特殊的人文与地理环境使得高唐蜂蜜具有不同于其他地区蜂蜜的优秀品质。

商标名称:高唐锦鲤

来源区域:聊城

注册号:17537401

商标类型:证明商标

申请日期:2015-07-29

注册日期:2017-02-14

申请人:高唐县渔业协会

核定商品/服务:鲤鱼(活的)

高唐锦鲤白如瓷、黑如墨,身姿优美,体色艳丽,色彩斑斓,气质独特,堪称观赏鱼上品。高唐地区的锦鲤养殖和苗种繁育技术均实施团体标准措施,规模、质量在全国领先。

高唐县位于山东省西北部,地势平坦,平均海拔 27 米,属暖温带半湿润大陆性季风气候,年均气温 13.1 ℃,年均降水量 578.4 毫米,光照充足,日照总时数 2567 小时,无霜期 193 天,水源充足,水质优良,气候适宜,土壤肥沃,适合发展水产养殖业。

商标名称:高唐坠面　　**来源区域:**聊城

注册号:29361660　　**商标类型:**证明商标

申请日期:2018-02-28　　**注册日期:**2019-12-28

申请人:高唐县坠面协会

核定商品/服务:坠面(挂面)

高唐坠面,又称“空心面”“手工挂面”,采用高唐县当地所产的优质小麦,经粉碎、和面、醒面、切条、搓条、醒条等工序加工而成,因面条均匀空心而得名。高唐坠面始产于清朝中期,距今已有二百余年历史,有“日食三碗高唐坠面,胜似皇家御宴”的美誉。

高唐县位于山东省西北部、聊城市北端,地势平坦,土地肥沃,土质较好,适宜多种农作物的种植。徒骇河、马颊河贯穿县内,水资源丰富,属暖温带半湿润性大陆性季风气候,年均气温13.1 ℃,无霜期193～201天,年均降水量578.4毫米,自然环境十分适合小麦的生长,为高唐坠面提供了优质的生产原料。

商标名称:冠县灵芝　　**来源区域**:聊城

注册号:12370639　　**商标类型**:证明商标

申请日期:2013-04-03　　**注册日期**:2014-03-07

申请人:冠县优质农产品协会

核定商品/服务:灵芝

冠县自20世纪80年代开始种植灵芝,至今已有40多年历史。全县共有灵芝大棚1万余个,年产赤芝、紫芝子实体、孢子粉1.2万吨,盆景80余万盆,年产值约25.6亿元,是全国最大的灵芝种植和贸易基地,区域品牌价值20.53亿元。

灵芝子实体大多为一年生,少数为多年生,有柄,小柄侧生。菌盖木质、木栓质,具有沟纹,呈扇形、肾形、半圆形或近圆形,具有似漆样光泽,盖表有同心环沟,或环带棱纹,并有辐射状的皱纹,边缘锐或稍钝。

冠县灵芝富含三萜、多糖、生物碱、微量元素硒等,是传统名贵中药材并兼具食用价值。

商标名称：冠县鸭梨　　**来源区域：**聊城

注册号：11264782　　**商标类型：**证明商标

申请日期：2012-07-27　　**注册日期：**2013-07-07

申请人：冠县优质农产品协会

核定商品/服务：梨

冠县鸭梨，因果柄处状如鸭头而得名，已有1000多年的栽培历史，为冠县的“县果”。冠县鸭梨具有个大、皮薄、核小、肉嫩质细且脆、味甜汁多且浓、果面洁净光滑、果形端正、石细胞少、耐贮藏等特点。

冠县地处中纬度，年均温13.3 ℃，光照充足，四季分明。8月下旬至9月中旬是鸭梨成熟的关键时期，此时雨量适中、光照充足，9月昼夜温差达10 ℃。充足的光照、较大的温差，是形成冠县鸭梨含糖量高的自然因素；细致修剪，精耕细作，增施有机肥，是形成其含糖量高的人文因素。独特的自然、人文因素塑造了冠县鸭梨的特有品质。

商标名称:冠县樱桃

来源区域:聊城

注册号:12370638

商标类型:证明商标

申请日期:2013-04-03

注册日期:2014-03-07

申请人:冠县优质农产品协会

核定商品/服务:樱桃

冠县樱桃,果型均匀,色泽鲜艳,光亮红润,果面光鲜诱人,口感纯正,肉质脆硬,风味浓,汁多味美。每百克樱桃含水分 89 克、蛋白质 1.17 克、脂肪 0.2 克、膳食纤维 0.3 克、碳水化合物 10.2 克。

冠县樱桃种植区地处黄河故道沙土地,土层深厚,透水性强,土质较好,酸碱度适宜,适合种植樱桃等林果作物。境内有马颊河、漳卫河和京杭运河,引黄设施和井泉建设配套完善,灌溉条件优越,特殊的环境使得冠县樱桃口感纯甜、汁水充足、唇齿留香。

商标名称:莘县香瓜 **来源区域:**聊城

注册号:6951437 **商标类型:**证明商标

申请日期:2008-09-12 **注册日期:**2009-12-14

申请人:莘县蔬菜协会

核定商品/服务:香瓜

莘县香瓜肉质鲜嫩,口感蜜甜,清香袭人,营养丰富,含有大量的碳水化合物及营养物质,水分充足,清热解渴。香瓜中含有大量的植物纤维,可以促进肠胃蠕动,帮助消化。

莘县地处广袤辽阔的黄河中下游冲积平原,土壤富含有机质,以典型潮土、沙壤土为主,土壤肥沃,属暖温带半湿润大陆性季风气候,四季分明,雨热同期,温度适宜,光照充足。年均日照时数2420.5小时,日照率为55%,无霜期为119天。得天独厚的地理条件造就了莘县香瓜独特的地域风味。

商标名称：尹集驴肉　　来源区域：聊城
注册号：41777292　　商标类型：证明商标
申请日期：2019-10-22　　注册日期：2021-03-28
申请人：高唐县尹集镇农副产品协会
核定商品/服务：驴肉

尹集驴肉鲜肉呈棕红色或暗红色，肌肉纹理较细，油润有光泽；熟肉为红褐色，无腥膻味，结缔组织为白色，脂肪为淡黄色，肉质紧实有嚼劲，筋道弹牙，口感细腻鲜香，蛋白质含量高，每百克含蛋白质大于21.5克。

尹集驴肉主要产于聊城市高唐县尹集镇。该地地处山东省西北部，属暖温带半湿润大陆性季风气候，四季分明，气候温和，年均气温为13.1℃，雨量适中，年均降水量为578.4毫米，光照充足，年均光照时数在2323小时，另外，该地盛产麦类、豆类和杂粮，具有草多、粮多、秸秆多的资源优势。多种有利因素共同成就了尹集驴肉高蛋白、低脂肪、低胆固醇的独特品质。

商标名称：博兴金丝鸭蛋　　**来源区域：**滨州

注册号：18067621　　**商标类型：**证明商标

申请日期：2015-10-16　　**注册日期：**2017-03-21

申请人：博兴蛋黄金特禽蛋品研究所

核定商品/服务：鸭蛋

博兴金丝鸭蛋蛋壳呈绿色，外观圆润光滑，蛋心为红色，营养丰富，每百克含钙大于65毫克，每百克含蛋白质小于14克，煮熟后蛋黄呈现一圈圈不同的色环，如金丝一般，遂有其名，食之有鱼虾之味。

博兴县水资源十分丰富，水质清洁，该地区属暖温带半湿润大陆性季风气候，四季分明，阳光充足，年气温及日温差异显著。优越的自然水土资源，无污染的水中放养，以水中所产富含蛋白软皮虾为主要食物，共同造就了博兴金丝鸭蛋的优良品质。

商标名称:惠民短枝红富士苹果　　来源区域:滨州

注册号:49761248　　商标类型:证明商标

申请日期:2020-09-15　　注册日期:2022-01-14

申请人:惠民县大年陈镇农业综合服务中心

核定商品/服务:新鲜苹果

惠民短枝红富士苹果果形呈锥圆形或锥形,果面光滑、亮洁,果皮层厚达20微米,单果重400克左右,果面鲜红或浓红,色泽艳丽,果实着色度90%～100%,阳面多聚红润晕。切开后,果肉黄白色,肉质细,致密松脆,汁液多,脆甜味浓。苹果果树体矮小,适宜密植,管理简便,结果早,产量高,经济效益显著。

惠民县四季分明,光照充足,在苹果成熟期时昼夜温差较大,有利于苹果糖分积累。同时土壤以沙壤土为主,土质松散,透气性好,有利于苹果果树根系伸展。

商标名称：无棣苜蓿　　**来源区域：**滨州

注册号：34895678　　**商标类型：**证明商标

申请日期：2018-11-26　　**注册日期：**2020-10-21

申请人：无棣县绿风农业科学研究所

核定商品/服务：苜蓿（草本植物）

无棣苜蓿叶片大，直径可达 2.0～2.6 厘米，叶片呈长圆形，茎直立、多分枝，茎秆细软，高 30～100 厘米，丛生以至平卧，无毛或微被柔毛，产量高，抗盐碱性强。

无棣县属暖温带半湿润大陆性季风气候，四季分明，光照充足，年均气温 13.5 ℃，无霜期 234 天，年均日照时数 2516.5 小时，光热资源丰沛，土壤排水性、透气性良好，境内灌溉水源充足，非常适合苜蓿的生长。

商标名称：无棣香油	**来源区域：**滨州
注册号：46684691	**商标类型：**证明商标
申请日期：2020-05-27	**注册日期：**2022-04-28
申请人：无棣县芝麻制品研究所	
核定商品/服务：香油	

无棣香油色泽枣红，清澈莹亮，油质纯正、不浑浊，搅拌后气泡密集；油质黏稠，稳定性强，易保存，口感柔和清香，醇厚爽滑，略带微微苦味，有浓郁的芝麻香气。

无棣县是山东省传统农业大县，土质肥沃，河谷平川水资源丰富，自然环境条件优越，兼粮、棉、枣、牧、渔、盐之利，具有独特的资源优势，为芝麻的栽培及品质提高奠定了良好基础。

无棣香油精选当地所产芝麻加工而成，具有香味浓郁、油质纯正的特点，属食用油之首，堪称绝佳的烹饪用料。

商标名称：阳信鸭梨　　**来源区域**：滨州
注册号：3233659　　**商标类型**：证明商标
申请日期：2002-07-05　　**注册日期**：2006-02-14
申请人：阳信县鸭梨研究所
核定商品/服务：鸭梨

阳信鸭梨外形美观，色泽金黄，呈倒卵形，因其梨梗基部突起状似鸭头而得名。阳信鸭梨个大，平均单果重约 175 克，初采为黄绿色，贮藏后通体金黄，贮藏可保鲜 6 个月。其皮薄核小，汁多无渣，清脆爽口，酸甜适度，香味浓郁，风味独特，可溶性固形物含量超过 10%，总酸含量低于 0.22%，含糖量高达 12%，素有“天生甘露”之美称。其营养物质含量丰富，每百克钙含量超过 5 毫克、磷含量超过6 毫克、铁含量超过 0.2 毫克。

阳信鸭梨栽培历史悠久，迄今已有千余年的历史。在唐朝初期土生梨种就进入人工栽培，宋末明初开始园林生产和商品经营，并初具规模，明永乐年间“所栽梨树块块成行，果实累累，四方闻名”。清末民初，已有人“打洋梨”，指将阳信鸭梨肩挑车推送往登州（烟台）码头，然后运到东南亚一带。

商标名称：沾化白山羊　　来源区域：滨州
注册号：9888718　　商标类型：证明商标
申请日期：2011-08-25　　注册日期：2012-02-14
申请人：滨州市沾化区畜牧养殖协会
核定商品/服务：山羊

沾化白山羊肉质细嫩，第一腰椎部最长肌鲜肉有大理石纹，颜色呈淡红色，味道鲜美，膻味小，食用时味香而不腻，营养丰富且肉质柔软易于消化，富含多种氨基酸，脂肪、胆固醇含量低。

沾化区属暖温带大陆性季风气候，独特的地质地貌、气候条件和饲料饲草资源为沾化白山羊的发展提供了得天独厚的优势条件。经过长期的自然繁殖与人工选育，形成了一个早熟、繁殖率较高、产肉性能好、性能遗传稳定且适应性强、耐盐碱潮湿、抗腐蹄病、适于滨海低洼草场放牧等独具特色的品种类群。

商标名称：沾化冬枣 **来源区域：**滨州

注册号：3297888 **商标类型：**证明商标

申请日期：2002-09-05 **注册日期：**2003-10-14

申请人：滨州市沾化区冬枣研究所

核定商品/服务：鲜枣

沾化冬枣果形呈扁圆形或圆形，单果重25克左右，最大单果重37.3克，外表赭红光亮，皮薄肉脆，无渣，细嫩多汁，甘甜清香，可食率达93.8%，口感极佳。

沾化冬枣营养丰富，含蛋白质1.65%、膳食纤维2.3%、总糖17.3%、总黄酮0.26%。每千克冬枣中含胡萝卜素1.1毫克、维生素B_1 0.1毫克、维生素B_2 2.2毫克、维生素C达1079.1毫克，含多种人体必需的氨基酸，每百克总含量为0.99毫克。

商标名称:沾化洼地绵羊　　**来源区域**:滨州

注册号:8549335　　**商标类型**:证明商标

申请日期:2010-08-06　　**注册日期**:2011-03-21

申请人:沾化县畜牧养殖协会

核定商品/服务:绵羊

沾化洼地绵羊体格结实,体质中等,全身被毛均为白色,少数羊头部皮肤有黑褐色斑点,公母羊均无角,鼻梁微隆起,耳大稍下垂,前胸较窄,后躯发达,背腰平直,四肢较短,低身广躯,体躯侧视呈长方形,肋骨开张良好,体躯略显前低后高,脂尾肥厚,从后方正视,呈方圆形,尾长不超过飞节,都有尾沟和尾尖,尾宽大于尾长,尾底向内上方卷曲,尾沟明显,尾尖上翻,紧贴在尾沟中。

沾化洼地绵羊肉质好,脂肪少,蛋白质含量高。周岁公羊肉粗蛋白质含量在20%以上、碳水化合物2%、粗灰分1%,含钙量比牛肉多50%,含铁质比牛肉多1倍,比猪肉多2倍,胆固醇含量低。

商标名称：单县罗汉参　　**来源区域：**菏泽

注册号：13518568　　**商标类型：**证明商标

申请日期：2013-11-11　　**注册日期：**2014-08-21

申请人：单县罗汉参产业协会

核定商品/服务：罗汉参（香芋）（食用植物根）

罗汉参在历史记载中均以野生为主，属濒危物种，目前只有在山东单县得以保护发展。单县罗汉参，又名“土圞儿”，是多年生豆科草本植物，可食用部分为地下根块，果实呈卵形，熟食味道甘美。单县罗汉参富含钾、锌、铁、钙、镁、硒等16种矿物质和各种微量元素以及苏氨酸、蛋氨酸、赖氨酸等17种人体必需氨基酸，还有维生素C、维生素B_1、维生素B_2等多种维生素及粗蛋白、粗纤维、还原糖等40多种营养物质，属药食同源作物。

商标名称:定陶黄金梨　　来源区域:菏泽
注册号:49880727　　商标类型:证明商标
申请日期:2020-09-18　　注册日期:2022-04-14
申请人:菏泽市定陶区兴民农副产品技术服务中心
核定商品/服务:新鲜梨

定陶黄金梨果实呈扁圆形,个头大,平均单果重350克。9月上旬成熟,成熟时果皮黄绿色,摘下几日后变为黄金色,果皮洁净,果肉细嫩而多汁,果心很小,清甜爽脆,含糖量高,风味独特,被当地老百姓称为“百果之宗”。

定陶黄金梨以定陶区仿山镇种植历史最早,已有30多年的种植历史,之后发展到杜庄、邵堂村种植,现如今定陶区各地都有种植。定陶区土壤富含多种矿物质和有机质,适合的地理环境造就定陶黄金梨产量高、耐储存、口感极佳等独有品质。

商标名称:定陶玫瑰　　**来源区域:**菏泽
注册号:27794933　　**商标类型:**证明商标
申请日期:2017-11-30　　**注册日期:**2019-03-07
申请人:菏泽市定陶区陶丘玫瑰开发服务中心
核定商品/服务:玫瑰花

定陶玫瑰花蕾肥大，色泽鲜艳，香味浓郁，多重瓣，产量高，营养物质丰富，含多种维生素、氨基酸、酚、醇、酯、酮等天然有机物质及矿物质元素。

定陶玫瑰种植历史悠久，最早可追溯至春秋时期，传说陶朱公范蠡为西施在此建造玫瑰园，后在明清时期形成规模。

定陶地处山东省西南部，菏泽市中部，为黄河中下游冲积平原，土壤表层质地以沙壤土为主，地势平坦，土地肥沃，富含磷、硒等微量元素，尤其适合耐旱的玫瑰根系的生长。定陶属暖温带大陆性季风气候，冬冷夏热，四季分明，年均日照时数2235.7小时，充足的光照使得开出的花朵个头大，色泽鲜艳，香气浓郁，瓣多瓣厚，观赏价值较高。

商标名称:菏泽黄梨　　**来源区域**:菏泽

注册号:28552839　　**商标类型**:证明商标

申请日期:2018-01-08　　**注册日期**:2019-06-07

申请人:菏泽市黄梨研究开发协会

核定商品/服务:新鲜梨

菏泽黄梨,因颜色金黄而得名,主要分布在菏泽市牡丹区、定陶区、巨野县、成武县、单县、曹县、郓城县等地。其果形整齐均匀,扁圆形,果实脆,果皮薄,厚度在0.5～0.7毫米,色泽鲜亮,平均单果重250克左右,最大果重800克,果肉为透白色,肉质细腻多汁、香甜可口。

菏泽市位于山东省西南部,属暖温带半湿润大陆性季风气候,年均日照时数为2317～2556小时,充足的光照有利于菏泽黄梨果实的成熟及果实品质的提升。菏泽市春季气温波动较小,少有"倒春寒"发生,保证了黄梨树的高产稳产。另外,菏泽黄梨成熟期为8月份,此时菏泽市的昼夜温差达到10 ℃以上,有利于提高果实糖分等营养物质积累,保证了黄梨的优良品质。

商标名称:菏泽芍药　　**来源区域:**菏泽

注册号:20224059　　**商标类型:**证明商标

申请日期:2016-06-07　　**注册日期:**2017-12-28

申请人:菏泽市牡丹区牡丹芍药协会

核定商品/服务:芍药(植物)

菏泽芍药,花大且美,芳香扑鼻,花色为黄、白、粉、红、紫、黑、复色等。花期分为早、中、晚三期,总体花期可达一个多月:5 月中旬进入中花期,5 月中下旬为晚花期,晚花可持续到 5 月底。

菏泽市位于山东省西南部,该地区地势西南高、东北低,海拔高度自 66 米降至 45 米,有定新河、曹北河等较大河流,地下水丰富。该地区年均气温 14.7 ℃,属鲁西南黄河中下游平原,土壤疏松,有机质含量丰富,透气性好,特别适合芍药的生长。

商标名称：单县香瓜　　来源区域：菏泽

注册号：20960874　　商标类型：证明商标

申请日期：2016-08-12　　注册日期：2017-12-28

申请人：单县特色农副产品服务中心

核定商品/服务：香瓜

单县香瓜果味香甜、肉脆，入口甘醇，含有苹果酸、葡萄糖、氨基酸、甜菜茄、维生素等丰富营养物质。

单县位于山东省西南部，苏鲁豫皖四省八县交界处。该地属于暖温带大陆性季风气候：冬季寒冷，降雪少；春季干旱，风沙多；夏季高温，多雨；秋季天气晴朗，冷暖适中。年均气温 12.5 ℃，年降水总量 510 毫米左右，土壤中有机质含量高，极有利于香瓜的生长。

附录：山东省各地市地理标志商标名录

济南市地理标志商标名录

马山栝楼
小康金银花
龙山小米
商河老粗布
明水香米
吴家堡大米
文祖花椒
章丘大葱
莱芜黑山羊
莱芜鸡腿葱
莱芜黑猪
垛石番茄
济阳圆铃大枣
黄河乡西瓜
太平西瓜
黄河乡鲤鱼
高官寨甜瓜
章丘鲍芹
射垛板栗
文祖香椿
长清茶
商河大蒜
历城核桃
石都庄西红柿
路家珍珠红西瓜
商河黑皮冬瓜
唐王道口大白菜
莱芜白花丹参
龙山黑陶
莱芜花椒
莱芜老干烘
平阴玫瑰
张坊核桃
仁风西瓜
曹范薄壳核桃
商河魁王金丝小枣
李桂芬梨

青岛市地理标志商标名录

新河草编
泊里红席
即墨海参
琅琊玉筋鱼
青岛海参
崂山茶
官道小米
胶州星鳗
胶河大白菜
逄家桃园地瓜
青岛鲍鱼
宝山苹果
神汤沟牡蛎
丰城地瓜
青岛对虾
大珠山板栗
胶莱大姜
胶莱大葱
泊里西施舌
青岛梭子蟹
七岌葡萄
双崮樱桃
王哥庄西施舌
即墨湍湾大蒜
灵山岛海参
宝山蓝莓
胶州大白菜
北宅樱桃
大泽山葡萄
胶南琅琊鸡
里岔黑猪

淄博市地理标志商标名录

博山连翘	边河黑猪	沂源大樱桃
淄砚	高青甜瓜	荆家实秆芹菜
淄博陶瓷	马踏湖白莲藕	博山蓝莓
博山琉璃	高青芹菜	博山猕猴桃
博山陶瓷	博山山楂	新城细毛山药
高青黑牛	黛青山软籽石榴	高青西红柿
桓台金丝鸭蛋	荆家四色韭黄	池上桔梗
高青黄河鲤鱼	淄川大樱桃	博山金银花
高青大米	沂源金黄金桃	临淄西葫芦
淄川粉条	淄博池梨	临淄西红柿
蓼坞小米	高青黄瓜	沂源苹果
边河小米	般阳小麦	柳店韭菜
高青小米	般阳葡萄	高青西瓜
张庄香椿	高青桑葚	高青龙虾
博山板栗	消水蒜黄	高青雪桃
博山核桃	悦庄韭菜	高青葡萄

枣庄市地理标志商标名录

耿楼芍药

前辛章草编

伏里土陶

圣土山黑猪

滕州盖土猪

山亭长红枣

山亭地瓜枣

台儿庄大米

永安粉条

台儿庄荷叶茶

山亭花椒

枣庄黑盖猪

郭村软仁石榴

滕州草鱼

滕州马铃薯

山亭肉鸡

山亭马铃薯

齐村镇中良白菜

台儿庄黑小麦

西王庄镇冬桃

滕州胖头鱼

滕州鲤鱼

齐村樱桃

薛城青萝卜

枣庄皱皮辣椒

滕州绿萝卜

峄县大枣

峄城石榴

山亭火樱桃

东营市地理标志商标名录

广饶齐笔
佛头寺黑陶
利津老粗布
利津鲈鱼
利津肴兔肉
盐窝地瓜
陈家屋子对虾
广饶肴驴肉
垦利海蜇
垦利海米
垦利虾皮
垦利大米
利津大米
广饶面粉
南展大米
辛店大米
东营面粉
广饶小米
李鹊胡萝卜
河口刺参
广饶葡萄
河口文蛤
垦利银鱼
垦利黄河滩区小麦
颜二草莓
广饶蜜桃
广饶梨
北宋黄河滩莲藕
广饶奶牛
河口海蜇
河口小龙虾
北宋黄河滩蜜桃
广饶鲶鱼
河口对虾
杨庄西红柿
花官蒜薹
北宋西瓜
广饶草莓
李鹊小麦
垦利柽柳
东营梭子蟹
垦利白蜡
垦利小龙虾
千乘苹果
垦利莲藕
广饶圆茄
花官大蒜

烟台市地理标志商标名录

莱州大粒盐	欧家夼蓝莓	莱州大竹蛏
莱州毛笔	招远苹果	云峰大樱桃
莱州草编	蓬莱苹果	烟台鲍鱼
海阳虾酱	蚕庄黑牛	莱州玉雕
金岭小米	莱阳河蚬	蓬莱海参
蓬莱葡萄	大户陈家葡萄	长岛海带
烟台绿茶	烟台海参	海阳绿茶
烟台桑叶茶	烟台海肠	烟台苹果
莱阳五龙鹅	烟台扇贝	长岛扇贝
莱州海蜇	烟台苹果	烟台大樱桃
莱州长寿梨	莱阳梨	海阳白黄瓜
牙山黑绒山羊	莱阳五龙鹅	长岛海参
莱阳五龙河鲤	莱州月季	福山大樱桃
欧家夼板栗	栖霞苹果	长岛鲍鱼
海阳蛤蜊	海阳甜柿	长岛海胆
招远花生	莱州文蛤	莱州梭子蟹
海阳对虾	莱州仙客来	莱州大姜
烟台大菱鲆	蓬莱海岸葡萄酒	烟台葡萄酒
龙口长把梨	莱州对虾	莱阳缢蛏

潍坊市地理标志商标名录

寿光海盐	石埠子樱桃	昌邑黄姜
昌邑原盐	柘山花生	昌乐小南瓜
沂山丹参	两河大蒜	寿光青萝卜
莱州湾鲈鱼	石堆伏梨	寿光黄桃
临朐柿饼	石埠子草莓	寿光绿光苹果
石桥子黑木耳	潍坊黄须菜	老河口狗光鱼
红河花生	青州紫根红韭菜	临朐山楂
潍河银鱼	崔家庄芦笋	山阳大梨
临朐酱菜	青州黑山羊	昌邑鲫鱼
诸城辣丝子	青州皇尊蜜梨	临朐桑皮宣纸
潍河口开凌梭	寿光茄子	昌邑大对虾
昌邑小干鱼	寒亭西瓜	寿光胡萝卜
昌邑虾皮	临朐板栗	昌乐香李
昌邑老面大饽饽	寿光羊角黄辣椒	寺头山楂
昌乐火山小米	安丘大姜	诸城草莓
诸城绿茶	安丘大葱	昌邑大姜
昌邑文蛤	昌邑生姜	莱州湾沙蚕
辉渠望海山小米	四孔潍鲤	大家洼盐田卤虫
寿光绿实杆芹菜	青州山楂	一空桥山药
寿光香瓜	临朐大樱桃	临朐佛手瓜
朱汉苹果	青州辣椒	临朐香椿
寿光小枣	崔家庄草莓	青州蜜桃
寿光韭菜	九山板栗	青州银瓜
寿光韭黄	沂山板栗	青州柿果

青州仙客来
寿光小黄瓜
寿光大葱
诸城韭青
诸城黄樱桃
诸城板栗
诸城韭黄

桂河芹菜
上口冰果
寿光樱桃西红柿
胶河土豆
潍县萝卜
石桥子大姜
昌邑草莓

昌乐西瓜
柳山寨西瓜
朱虚城芹菜
潍坊肉鸭
高家河苦菊
潍坊肉鸡
九山苹果

济宁市地理标志商标名录

梁山酒曲	汶上白莲藕	黄河滩西瓜
鱼台大米	战湾黄瓜	鱼城蜜桃
泗水粉条	洪山苹果	鱼城辣椒
曲阜香稻	尚河苹果	金乡辣椒
泗水蜂蜜	城前地瓜	前海辣椒
金乡小米	泗水大樱桃	长沟葡萄
唐口大米	泗水黄姜	颜店肉鸭
喻屯甜瓜	泗水韭菜	泗汶西瓜
泗水板栗	城前大枣	白石核桃
泗水石榴	泗水黄牛	鱼台龙虾
济宁青山羊	城前花生	城前山豆角
梁山麻鸭	城前柿子	梁山蚕白杏
兖州黄牛腿山药	城前大樱桃	梁山黑猪
城前板栗	太平山药	梁山蜜桃
香城石榴	王丕芹菜	汶上大荸荠
看庄土豆	平阳寺杏鲍菇	北山大枣
香城黄杏	中心店草莓	泗水苹果
邹城大葱	中心店葡萄	泗水大葱
邹城双孢菇	纪沟大白菜	曲泗西瓜
香城酥梨	泗水地瓜	洪山樱桃
北渐兴水萝卜	香城花生	邹城蘑菇
谢庄豆角	微山湖杞柳	星村梨
嘉祥大蒲莲猪	南四湖蒲草	鱼台杞柳
泉林鸭	梁山黄河鲤鱼	张周胡长寿桃

平阳寺金针菇
薄梁杞柳
泗水黑猪
嘉祥小尾寒羊
梁山葡萄
金乡百子鹅
金乡白梨瓜
金乡大蒜
白石小麦
微山湖莲藕
泗水豇豆
泗水花生
泗水裘皮羊
泗水西红柿
黄沟池藕
汶上芦花鸡
微山湖鲫鱼
微山湖乌醴
微山湖田螺
微山湖河蚌
微山湖大闸蟹
泗水核桃
泉林鸭
城前越夏西红柿
城前核桃
邹城长红枣
金山大樱桃
灰埠大枣
香城油桃
济宁百日鸡
微山湖大水蛭
城前金银花
柳下邑猪牙皂
嘉祥白菊花
汶上牛蒡
南四湖蒲草
曲阜楷雕
微山苇编
薄梁杞柳
柘沟土陶
微山苇
泗水花生油
南四湖菱角
金乡黑蒜
泉林鸭蛋
曲阜熏豆腐
泗水元宝枫油
微山湖莲子
济宁百日鸡
泗水粉皮
微山湖芡实米
曲阜孔府茶
兖州干辣椒
微山麻鸭
微山麻鸭蛋
微山湖青虾
微山湖鳜鱼
微山湖甲鱼
泗水西瓜
微山湖四鼻鲤鱼
两城大蒜
两城小茴

泰安市地理标志商标名录

汶阳香附
泰山四叶参
小窑瓜蒌
泰山黄精
龙廷丹参
泰山墨玉石雕
泰山南麓葡萄酒
肥城绞瓜
宁阳大枣
泰安豆腐
韩庄头豆腐皮
新泰麻鸭蛋
新泰大花生
河岔口鸭蛋
乡饮大粉皮
新泰酱油
泰山茶
安山大米
梅鹿山小米
新泰食醋
泰安煎饼
楼德煎饼
孔庄粉皮
肥城桃
新泰草猪
新泰红毛山羊
新泰芹菜
泰山赤鳞鱼
宁阳桥白
宁阳蟋蟀
徂徕黄金梨
新泰苹果
泰山板栗
泰安红根菠菜
肥城土豆
新泰甜山楂
大羊薄皮核桃
肥城白菜
土安西瓜
新泰珍珠油杏
泰安红根韭菜
许家桥大白菜
彭集花生
宁阳黄姜
马家寨子香椿芽
泰山何首乌
泰山紫草
化马湾大樱桃
雨山核桃
泰安红心萝卜
泰山南麓葡萄酒
肥城桃木雕刻
泰安黄芽白菜
泰安大白菜
新泰横山丝

威海市地理标志商标名录

文登西洋参
荣成大花生
荣成裙带
文登蚝
荣成刺参
荣成蜢子虾酱
荣成鲍鱼
文登对虾
文登蠓子虾酱
初村虾酱
乳山对虾
乳山牡蛎
乳山大花生
乳山刺参
乳山蜢子虾酱
乳山秦米
文登紫菜
文登海蜇
文登刺参
乳山茶
荣成绿茶
汪疃花饽饽
乳山喜饼
荣成蜜杏
乳山大姜
乳山苹果
乳山板栗
乳山巴梨
东山三吉梨
荣成无花果
威海刺参
荣成草莓
威海大花生
文登大樱桃
文登苹果
山马于西瓜
乳山文蛤
文登油桃
乳山樱桃
文登面蛤
垛疃樱桃
荣成苹果
乳山杂色蛤
文登黑鸭
威海无花果
乳山地瓜
乳山西施舌
乳山杂色蛤
文登银杏
文登布蛤
乳山缢蛏
乳山无花果
荣成地瓜
乳山草莓
乳山扇贝
文登大花生
威海苹果
荣成海带
荣成苹果
汪疃葡萄
乳山牡蛎
文登花香菇
乳山葡萄
乳山蓝莓

日照市地理标志商标名录

日照金银花
莒县黄芩
莒县丹参
日照黑陶
日照蚕茧
莒县蚕茧
日照麻鸡
莒县浮来砚
日照烤烟
日照虾皮
日照海米
日照对虾
五莲黑猪
岚山绿茶

五莲蜂蜜
日照绿茶
日照红茶
五莲苹果
莒县大姜
日照麻鸡
日照西施舌
日照蓝莓
莒县苹果
招贤桂花
莒县招贤玫瑰
果庄油桃
五莲柞蚕

安庄黄桃
五莲樱桃
莒县绿芦笋
寨里河核桃
莒县花生
五莲黑猪
五莲西葫芦
日照核桃
莒县雪山小米
日照刺参
日照刀鱼
日照黑头鱼
莒县葡萄

临沂市地理标志商标名录

平邑金银花	汪沟黄瓜	李官黄金桃
费县金银花	方城西瓜	姚家庄莲藕
蒙山虫草参	沙沟芋头	李官葡萄
莒南驴肉	武台黄桃	费县西红柿
莒南花生	沂南黄瓜	莒南花生
武台黄桃	郯城银杏	诸葛香椿
方城大米	蒙阴蜜桃	天宝山山楂
塘崖贡米	费县核桃	郯城杞柳
莒南绿茶	郯城生姜	梅家埠甜瓜
太平大米	费县脆枣	费县山楂
厉家寨樱桃	郯城大蒜	临沭柳编
磊石桂花	临沭地瓜	苍山大蒜
醋庄葡萄		

德州市地理标志商标名录

夏津桑黄	宁津蟋蟀	乐陵黄粉虫
德州黑陶	齐河梨	平原梨
夏津小磨香油	神头香椿	齐河玉米
齐河牛肉	伦镇蚯蚓	齐河小麦
乐陵小枣	乐陵小枣	庆云大叶香菜
乐陵枣花蜜	黄河涯蜜桃	武城辣椒
德州辣椒	德州裂桃	德州西瓜
夏津小米	丁坞奶牛	

聊城市地理标志商标名录

冠县灵芝	东阿小麦	东阿黄河鳖
高唐葫芦	东阿黄河鲤鱼	高唐桑葚
高唐老豆腐	冠县樱桃	高唐锦鲤
高唐驴肉	丁马甲鱼	茌平草鱼
高集核桃	临清大尾寒羊	茌平甲鱼
高集豆腐皮	临清大蒜	茌平乌鳢
尹集驴肉	阳谷小尾寒羊	高唐黄颡鱼
东阿黑毛驴	阳谷黑猪	东阿鲈鱼
聊城棉籽油	阳谷鲁西黑头羊	东阿黑毛驴
茌平乌枣	莘县西瓜	莘县鲁西白山羊
高集烧鸡	冠县辣椒	东阿莲藕
高唐坠面	冠县鸭梨	东阿乌鸡
临清桑叶茶	冠县酥枣	东阿黄金梨
高唐蜂蜜	东阿草莓	茌平鳅鱼
莘县香瓜	东阿葡萄	临清狮猫
莘县蘑菇	高唐黄晶梨	东阿黄河鲫鱼
茌平圆铃大枣	莘县韭菜	东阿黄河泥鳅
肖庄韭薹	东阿西瓜	

滨州市地理标志商标名录

滨州棉	邹平水杏	博兴对虾
博兴金丝鸭蛋	邹平香椿	无棣白蜡
滨州对虾	长山山药	沾化文蛤
无棣苜蓿	阳信鸭梨	滨州文蛤
无棣虾酱	渤海黑牛	惠民短枝红富士苹果
沾化海蜇	无棣驴	沾化三疣梭子蟹
无棣香油	沾化冬枣	邹平黄心地瓜
滨州金蚝	滨州对虾	阳信渤海黑牛
邹平酸浆豆腐	沾化白山羊	阳信鲁西黄牛
阳信牛肉	沾化黑猪	沾化渤海毛虾
无棣金丝小枣	联五西瓜	滨州芝麻酥糖
青阳小米	无棣半滑舌鳎	沾化洼地绵羊
博兴西红柿	无棣芝麻	

菏泽市地理标志商标名录

鄄城赤芍
郓城半夏
菏泽木瓜
曹县麦冬
郓城柳编
郓城泥塑
鄄城鲁锦
郓城烧鸡
郓城驴肉
郓城猪肉
成武大蒜
巨野黑蒜
单县青山羊
张班庄粉条
曹县芦笋
单县罗汉参
巨野樱桃
白浮图芸豆
成武大蒜
东明西瓜

郓城青山羊
郓城小尾寒羊
郓城斗鸡
郓城黄牛
东明大豆
单县黑猪
申河口西瓜
东明鲈鱼
白菜王庄大白菜
菏泽胡萝卜
菏泽甘蓝
东明甜瓜
定陶玫瑰
菏泽黄梨
单县蜜桃
东明黄河鲤鱼
定陶黄金梨
时楼芍药
定陶甜瓜
曹县西红柿

曹县黄桃
鄄城董口黄金梨
苏庄樱桃
郓城黄河鲤鱼
单县香酥梨
东明草莓
曹县芍药
菏泽牡丹
东明小麦
单县山药
东明青山羊
巨野白皮蒜
菏泽斗鸡
菏泽黄河甲鱼
郓城油桃
巨野甲鱼
巨野大蒜
菏泽芍药
单县香瓜
齐楼向日葵